"十三五"体育俱乐部系列丛书

太极柔力球

主　编　黄生勇
副主编　张战涛

西安电子科技大学出版社

内 容 简 介

　　本书通过对柔力球的基本理论及套路演练的介绍，为读者诠释了以柔克刚、以退为进、以巧击蛮、以小胜大以及和平圆满的"太极"思想，同时又加入了现代元素，并使两者很好地融合在一起。本书以介绍柔力球套路演练为基础，让参与者在每一次的收力、发力、接球、送球过程中都能感受到自由自在、随心所欲、无拘无束的境界和氛围，并享受到酣畅自如的肢体运动所带来的快乐，以达到强身健体，娱乐身心的目的。

　　本书具有系统、完整的教学方法及步骤，图文并用，动作到位，使读者可以达到看图自练的效果。本书编排新颖，针对性强，节奏明快，既可作为青少年学生公共体育课教材，又可作为体育专项训练教材，还可作为社会广大柔力球爱好者的自学参考用书。

图书在版编目(CIP)数据

太极柔力球/黄生勇主编. —西安：西安电子科技大学出版社，2015.8(2017.4 重印)

"十三五"体育俱乐部系列丛书

ISBN 978 - 7 - 5606 - 3797 - 6

Ⅰ. ① 太⋯　Ⅱ. ① 黄⋯　Ⅲ. ① 球类运动-基本知识　Ⅳ. ① G849.9

中国版本图书馆 CIP 数据核字(2015)第 197097 号

策划编辑　毛红兵
责任编辑　毛红兵　赵　镁
出版发行　西安电子科技大学出版社(西安市太白南路 2 号)
电　　话　(029)88242885　88201467　　邮　　编　710071
网　　址　www.xduph.com　　　　　电子邮箱　xdupfxb001@163.com
经　　销　新华书店
印刷单位　陕西天意印务责任有限公司
版　　次　2015 年 8 月第 1 版　2017 年 4 月第 2 次印刷
开　　本　787 毫米×1092 毫米　1/16　印张　8
字　　数　183 千字
印　　数　1001～2000 册
定　　价　18.00 元

ISBN 978 - 7 - 5606 - 3797 - 6/G

XDUP　4089001－2

＊＊＊如有印装问题可调换＊＊＊

"十三五"体育俱乐部系列丛书

编 委 会

—前　言—

人们对体育运动实用性和多样性的追求，已成为当今社会生活的热点与时尚。一个新兴体育项目的推出、普及及发展，取决于它的大众价值取向。柔力球运动面世后，之所以能够很快被社会关注、认可、喜爱并接受，除它自身具备的特殊魅力外，亦与它符合我国国情、具有民族特色、适应基层活动、贴近群众健身实际需要等密切相关。柔力球运动无论是在内容、形式、技术要领方面，还是在运动器材方面，都具有浓厚地道的中国传统文化色彩。

太极柔力球运动是以球拍和球的圆弧运动为基础，以套路演练和隔网对抗为主要运动形式的新兴体育健身项目，可以单人演练也可多人演练，同时还可以由多人进行互传或隔网竞技。

该运动项目在 2000 年被中老年群体认可后，短短几年时间里便得到了极大的发展。从 2002 年开始，中国老年人体育协会组织每年都会举办一届全国中老年柔力球比赛，而且比赛的规模逐步扩大，参与的省份也不断增加。截至 2008 年，全国中老年柔力球比赛共举办了七届。其间也有青少年的柔力球比赛出现。由此可见，柔力球项目已成为人们日常生活中锻炼身体和修身养性较为适合的运动项目之一。

随着近几年柔力球运动的广泛推广，青少年们也逐渐喜爱上了这项运动。特别是引入体育课堂后，柔力球运动深受学生们的欢迎。对此项目人们也有了新的认识，它不再是老年人独享的项目，因为它对大学生身体形态的塑造、乐感的培养及身心的锻炼具有一定的作用。

本书分为太极柔力球运动基础篇、教学篇、训练篇，附录中给出了太极柔力球的相关制度和条例等。本书在编写时，得到了西安电子科技大学徐国富教授、西北工业大学苟定邦教授及西安外国语大学黄生勇教授的指导和鼓励，在此表示衷心的感谢！

书中相关资料及部分图片来源于网络信息及网络视频，在此，本人对已经注明或未注明的作者一并表示谢意！

柔力球运动项目是近几年才兴起的新项目，所以在编写时可参考的文献较少，加之编者学术水平有限，书中难免有不妥之处，诚望广大读者和专家批评指正。

张战涛

2015 年 5 月 1 日

目　录

第一部分　基础篇

第一章　太极柔力球概述

第一节　太极柔力球的发明

太极柔力球发明于1991年。当时，毕业于山西大学体育系的山西晋中卫校教师白榕在拳击训练中为了解决实战训练与运动员损伤这一矛盾，想到了将排球的球胆放入掏空的拳击手套之中，然后在球胆中充满气，使拳击套成为了一个气囊，这样可缓冲拳击冲击力。但问题是这个"气囊"体积太大、重量太轻，于是又想到将水从球的气眼中注入球胆，这样就使得拳击手套的重量与外形更接近，从而大大降低了拳击的冲击力，很好地解决了实战训练与运动损伤的矛盾，大大提高了训练效率。在制作这种安全拳击套的过程中，白榕感觉这个气水囊不跑也不跳，好接又好抛，最开始就用洗脸盆抛接着玩，然后用单把的炒菜锅抛接，最后用铁皮做出了第一把像炒菜锅那样的弧面球拍来抛接。在抛接熟练以后，他发现球到了反手侧是弧的凸面迎球，没法打，于是想到将球拍中间做成一个软面，使球拍的两面都能形成凹面接球，由此形成了柔力球运动的雏形。大家看白榕打球时划出的是一个接一个的弧线，动作轻柔无声，都说很像太极拳，仔细想来接球时以柔化刚、引进合出、借力打力等特点完全符合太极运动的原理，可以称它是一种太极化的球类运动，从此这项运动与太极结下了不解之缘。经过多次实验改进，太极柔力球于1991年正式完成了"太极娱乐球"和"球拍"两项专利的设计，并向国家专利局申请了实用新型和发明专利，都获得了批准，专利号是[912256478]和[921034261]。这项运动拥有众多的优点和特色，虽然白榕个人没有能力宣传和推广，但他始终对其充满信心，因为他一直处于学校体育教学的第一线，特殊的职业敏感告诉他，在学校中这是一项很有前途和广泛推广价值的运动项目。

柔力球在本校体育教学中有了一定的发展后，白榕老师感到应该使这项运动造福于社会、造福于大众，但个人的能力是非常有限的，要想让它进一步得到推广，就应该融合更多人的智慧和才能，将这项运动的基本理论和实践技术更好地完善起来，为此，1991年白榕携太极柔力球发明专利与山西财经大学（前山西经济管理学院）体育学院李健康、薛晓媛、张路以及山西大学成名铎、山西师范大学李小斌、山西长治医学院邢怀中等人，共同组成"太极柔力球创编组"，并正式将这项运动定名为"太极柔力球"，开始推广这项运动。

这项运动不仅适合于少年儿童，对其他社会群体和不同年龄段的民众开展健身活动也有着同样的积极效果。更使白榕感到欣慰的是，这项运动越来越突显了中华民族特色和东方神韵，有着巨大的发展潜力。于是让太极柔力球运动立足于世界体坛，登上大雅之堂，有一天能进入奥运盛会，就成了白榕最大的追求和梦想。

第二节　太极及太极柔力球

在我国古典哲学思想中，"太极"是指万物的原始浑圆之气，动而生阳、静而生阴，阴阳两气互为其根，此消彼长，相互转化，不断运动则变化万千。古人依据《周易》中的太极八卦原理指出："太极者，圆加阴阳也，道之别谓也，天地之根，变化枢纽也。"

　　如今已具有全球性影响的太极图，正是这一古老哲学理念的形象表达。太极图呈浑圆一体、阴阳合抱之象，诠释了天地万物运行变化的根基。古人发明的太极拳，秉承这一哲学理念，形体动作以圆为本，一招一式均以各种圆弧动作组成。观其形，连绵起伏，动静相随，圆活自然，变化无穷；在体内则以意领气，运以周身，如环无端，周而复始。整体看太极拳是意领气，气动形，内外合　，形神兼备，浑然一体。

　　按照公认的说法，太极拳诞生于唐代，其后在民间广为传播。到了宋、明时期，我国开始出现诸多以"太极"为核心理念的运动健身项目，如太极剑、太极刀等。这种种体现"太极"思想的肢体运动，在当时及以后漫长的历史中，对发展中华文明、促进中华民族的体质健康做出了重要贡献。但是我们也应看到，诞生于农耕时代的太极运动，由于受到历史的局限，其运动方式大都是以个人的肢体动作为核心，以健身、自娱自乐和观赏性为主，缺乏现代竞技体育的对抗性、胜负理念和严密的运动规则。

　　在全球一体化的今天，在竞技体育的强大冲击面前，我们能不能一方面继承中华太极的古典哲学理念，另一方面融合西方现代竞技体育精神，从而创造出一种全新的体育运动项目呢？回答是肯定的。太极柔力球的发明，是对中西哲学、运动理念和竞技规则的完美诠释。太极柔力球自1991年诞生以来，受到社会各阶层人士的广泛欢迎，得到了党和国家领导人的赞许，不仅在国内逐渐风靡，而且已经走向世界，影响遍及亚、欧、美、澳等数十个国家和地区。太极柔力球是在新的历史时期应运而生的一项太极化的球类运动。太极柔力球"一职多能"，既能够作为个人或集体的健身体育运动项目，又可以像网球、羽毛球一样成为一项竞技体育运动。太极柔力球具备太极运动的核心理念，那就是以退为进、以柔克刚、以巧击蛮、以小胜大。其基础动作以"圆"为核心，圆润流畅、环环相扣、式势相连、绵绵不断。与此同时，太极柔力球也吸纳了现代竞技体育的器材设备和运动方式，具有对抗性、胜负理念以及完备的游戏规则。

第三节　太极柔力球运动的发展趋势

　　1994年，太极柔力球运动通过了国家教委评审小组的评审，2000年被中国老年体育协会列为推广的体育运动新项目，分别在北京（2000年）、山东（2001年）、北京（2002年）、上海（2003年）、天津（2004年）、江西（2005年）、陕西（2012年）等地举办了学员培训班和教练员、裁判员学习班。

　　对于一项新兴的民族体育项目而言，民族的也是世界的，世界上很多国家对这项运动产生了浓厚的兴趣。2006年5月22日，国务院总理温家宝在北京菖蒲河公园向正在中国进行正式访问的德国总理默克尔介绍了太极柔力球的玩法。到2010年，该运动已进入全国工人运动会和部分省市运动会的正式比赛中，全国已有包括北京体育大学、山西财经大学在内的数十所高校开展了此项目的教学。国际上已有日本、匈牙利、德国、墨西哥、新加坡和俄罗斯等20多个国家和地区开展了这项运动，并成立了相应的专业协会。2006年9月和2007年10月在日本大阪还举办了两届亚洲太极柔力球锦标赛，德国和奥地利也举办了两届欧洲太极柔力球锦标赛。

第二章 太极柔力球运动基本理论

第一节 太极柔力球运动的文化渊源

太极柔力球运动与中国文化之渊源颇深。

"太极"这个词可以解释为"道"。"道可道,非常道。"这是老子说的。在古代中国哲人眼里,"道"就是万物的根本,所谓"道生一,一生二,二生三,三生万物",就是这个道理。在《周易·系词(上)》中关于太极的说法,与有关"道"的解释异曲同工:"易有太极,是生两仪,两仪生四象,四象生八卦。"如此看来,太极也是道,在古人眼中都是万物的根本,以太极和道为根本,继而衍生出世间万物。

太极柔力球正是依据古老的太极思想,将一种球类运动演化出众多的功能(竞赛、表演、健身等)以及无穷尽的动作形态,从而形成了一项独具中国特色的现代球类运动。

孔子的"中庸"思想告诉我们,凡事都必须做到不偏不倚、不过不及、不走极端,恰到好处、收放自如地把握好事物的"分寸"和"尺度"。

道家追求人与自然的和谐,提倡"遵道而行,率理而动,因势利导,随势而动,合乎自然,虚静处下,海涵宽容"。太极柔力球运动正是将这些典型的文化理念和哲学思想行为化、通俗化的代表,使大家在简单愉悦的运动中既锻炼了身体又感悟到祖先精妙的人生智慧。

第二节 太极柔力球的运动原理

一、太极柔力球的运动原理

太极柔力球是太极化的球类体育项目,在运动理念和运动形式上无不体现了太极思想和太极运动的内涵,所以"太极"是这项运动的根本和生命。我们应当将太极运动的核心思想"以柔克刚、以退为进、顺敌之势、化敌之力、引进合出、借力打力"和太极运动完整连贯、圆润柔和、自然流畅、连绵不断的动作特点,在太极柔力球运动中充分地体现出来。我们在学习太极柔力球技术之前,首先应当准确把握这项运动的风格和特点。我们熟知的持拍类体育项目,如羽毛球、网球、乒乓球,它们的运动原理是利用身体力量带动球拍,与来球的方向相对运动,并在瞬间将球直接击打出去,球的运动轨迹是直线,技术特点是直接、快速、有力、较为粗放,在心理上表现为一种宣泄和释放。而太极柔力球是球拍在身体的带动下,与来球方向相向运动,运动轨迹是弧线,通过弧形引化,将来球之力和身体旋转之力结合,形成一个更大的浑圆完整之力,再将球高质量、巧妙精确地送出。在太极运动中这称为"借力打力、后发制人",它的技术特点是柔缓、顺遂、刚柔相济、细腻悠长。太极柔力球在心理上提倡内敛,主张动静和收放的平衡。

太极柔力球与其他持拍类运动项目的共同之处是以身体带动球拍改变球的运动轨迹,只是采用的方法、手段不同。因为太极柔力球球拍控制球时有一个相对较长的时间，在这个时间段中，可以有目的地在划弧的不同阶段选择向不同方向和角度出球，真假虚实、声东击西，使对方难以判断。同时划弧所占用的时间也给了运动员充分发挥技巧、运用智慧、创造美的空间，使东方民族处理问题含蓄、婉转、灵巧、细腻的民族特点得到充分的体现。

太极柔力球运动是应时代需求而生的球类体育项目，是以球拍和球的圆弧运动为物理学基础，以套路演练和隔网对抗为主要运动形式的新兴体育健身项目，可以单人演练也可多人演练，同时还可以由多人进行互传或隔网竞技。在竞技类比赛中，它保留着太极思想和太极运动中所有的神韵，同时又融入了如羽毛球、网球、乒乓球等体育项目的竞赛形式，使太极柔力球比赛优雅美观、紧张激烈、赏心悦目、精彩纷呈，更加突出了体育运动的竞技性、观赏性和趣味性。同时它还能进行表演赛，在表演比赛中，太极柔力球将中华民族传统的武术、舞蹈、杂技与现代的艺术体操、花样滑冰、现代舞等项目有机结合，兼容并蓄、取其所长，使表演动作圆润柔和、绵绵不断，形成了一种独具太极特色、人球和谐共舞的艺术表演形式，使过去只能观赏的太极类高雅运动更贴近自然、贴近生活，成为人人可及的百姓艺术。

二、太极柔力球的力学原理

作为一项现代体育项目，太极柔力球不仅要打得柔美、巧妙，还要使动作有力度、有刚性，全面体现太极运动的理念，为此我们需要了解柔力球的发力原理。

从太极柔力球的运行轨迹和动作要求可以看出，它是在一个空间弧形曲线上完成的均匀变速运动。太极柔力球的用力方法与田径运动中的链球用力方法相似，从自身发力来讲，它的出球力量来自身体旋转产生的惯性，惯性的大小取决于身体带球拍旋转的速度。球拍是在一条连贯光滑没有拐点的圆弧曲线上运行的，那么球拍在这条曲线上的运动速度决定了球的飞行速度和力量。球拍的运行速度在物理上称为"线速度"，它的公式为

$$v = \omega R$$

其中：v 为线速度，ω 为角速度，R 为半径。

从以上公式可以得出如下结论：线速度 v 与角速度 ω 和半径 R 成正相关。要想获得好的出球速度，首先要掌握合理规范的技术动作，理解太极运动欲进则退、欲左而右、欲右而左的发力要领，然后根据来球方向使身体反旋，拧起劲力使身体的对抗肌尽量放松，主动肌最大限度地增加初长度，加大身体的弹性势能，为身体挥拍旋转蓄积最大的动能，从而使球拍在弧线运动中的角速度 ω 大大提高。由于做功距离越长就会产生越大的力量，因此在固定圆心、保持身体平衡的前提下，要加大动作幅度，最大限度地增长转动半径 R，这样就能有效地增加做功距离。由于角速度 ω 和半径 R 的增大使线速度 v 得到了提高，也就使球拍获得了强大的出球惯性，从而加强了进攻力度和进攻效果，同时也使整个动作舒展大方、美观自然。

第三节　太极柔力球运动的特点

一、太极柔力球运动的四大特点

太极不论是以柔克刚还是借力打力，都体现了中国古老的哲学思想。众所周知，以"不争"而达到争胜的目的，这是老庄思想的核心或曰最高境界。水的性格至柔至刚，老子说

过，"惟其不争，故天下莫能与之争"，水把自己征服世界的力量，蕴含在最柔和的外表之下。接触过柔力球的人都知道，对方来球不论多么凶猛，落点不论多么刁钻，另一方都不能用"以牙还牙"的方式硬性阻拦，而一定要采用柔和退让的方式，先要化解对手来球的力量，而后再进行攻击。

正是有了以上的理论基础，太极柔力球在运动形式上的规则便是"柔、圆、退、整"，这也是太极柔力球的特点。

（1）"柔"是太极柔力球的灵魂，有了柔才能化力克刚、御敌制胜，柔也是这项运动最大的特色和魅力所在。"柔"是"刚"经过了千锤百炼之后升华发展的结果。俗话说"狂风吹不断柳丝"，"齿落而舌存"。老子曰"克刚易、克柔难"，"天下莫柔弱于水，而攻坚强者莫之能胜"。这些都生动地说明了"柔"的价值和意义。

（2）"圆"是这项运动特有的形态标志。"圆"是化解力量和聚集力量的最佳选择，它可以在最短时间内获得最长的距离和最大的速度，它是力量的源泉。太极柔力球所有的技术动作都是以圆为核心的，人体在打球时是动态的，要想使画出的圆绝对圆是不可能的，但在训练和比赛中我们要尽最大可能地使球拍控球的弧线保持在"一个圆心"、"一个半径"、"一个平面"的圆弧上，这样才能使动作有力度也有美感。

（3）"退"是太极柔力球技术的重要环节。太极柔力球每一个动作完成都是以退为前提的，只有退的时机、方向、力量恰到好处，我们才可能顺利地完成技术动作。也只有有了合理的后退我们才能蓄积更大的力量，才能获得更全面的观察视角，更加理性、巧妙、准确地向前进。毛泽东同志有一段话是这样说的："我们都应该学学打拳击，把拳退回来才能更有力地打出去。"

（4）"整"是指太极柔力球要体现完整运力的特点。太极柔力球从入球到出球是由迎、引、抛三个引化阶段组成的，它们始终在一条连贯完整、自然流畅的弧形曲线上，是不可分割的"一条弧线"。球入球拍后，以两脚为支撑，双腿同时发力，使力集中于腰部，由腰来带动躯干、手臂及手握的球拍和拍内的球进行匀加速或匀减速的圆形运动。出球的快慢和力量大小都来自于腿和腰带动的全身合力。在此过程中，手臂的肌肉和关节并不单独发力，主要起控制出球方向的作用。在训练中要特别强调"一个整力"，这是我们正确完成动作的关键。在完成每一个动作时都要周身协调、上下相随、浑圆一体、一气呵成，贯彻太极运动一动全身皆动的主导思想，打出太极柔力球特有的风格和韵味。

二、太极柔力球运动的适应性

太极柔力球运动广泛的适应性主要表现在以下方面：

首先它不受场地和气候的限制。室外锻炼，有点场地就行，门庭、小径、楼道、屋顶都可以，空旷场地更佳；刮风下雨时，室内床前也照样可以挥练自如。

其次，它不受风力影响。在我国有风的天气较多，尤其在我国北方风力更大。太极柔力球球重为53～55g，挥拍时，拍框引领划弧不扇风，而且由于其特殊的运动形式，风对球拍和球的影响都不大，所以基本不受风力的影响。这很好地解决了在刮风天无法进行持拍运动的问题，因此其适合在大众中开展和学校体育课使用。

第三，太极柔力球器材价格低廉，不易损坏，一套器械能打好几年，所以柔力球更适合我国国情，更贴近广大群众的锻炼实际。

第四节　太极柔力球运动的健身功能

太极柔力球运动是一种全身性的运动，它可以使颈、肩、腰、腿得到均衡全面的发展。特别是由于其圆形动作的变化比较复杂，随机多样，所以对训练中枢神经系统机能和发展多向思维都具有良好的作用；而正确的弧形引化动作要求以肩为轴，肩、肘、腕保持一小弧形，因此使得整个上肢都不是紧张的，这有助于静脉血的回流，保护了心脏的安全。

太极柔力球又是一种运动量可以灵活调节的运动；体力差的可以以逸待劳，以不变应万变，体力好的可以左奔右突，前后变幻；初学者可以高接低抛，和平过渡，娴熟者可以四处封杀，各展雄风。运动时圆灵轻活、闪展腾挪，人拍合一、心球合一，轻如燕子抄水、凤凰展翅，重如狮子摇头、豹虎归山，令人精神振奋、心情愉悦。

太极柔力球也可以作为一项隔网竞赛项目，为了取得比赛的胜利，参赛者在遵守规则的前提下，努力钻研，锐意进取，不断创新。随着运动员运动水平的提高，果敢、坚毅、机敏、顽强的品格随技艺的提高逐渐形成。除了健身和竞技外，太极柔力球还可以作为表演的手段：单人、双人及多人可以在音乐的伴奏下，做出各种优美的表演。因此柔力球可以最大限度地满足不同层次、不同需求的锻炼者的需要。

一、练习柔力球的好处

（1）增加通气功能，使血流加速，增进肺泡的换气功能。

（2）柔力球是一项"反关节性"、"非自然性"和"非本能性"的运动，运动时有柔和性、刚柔相济性、技巧性、活动中多关节性、大小肌肉的协调配合性等，可以促进全身的协调和肌肉控制能力。

二、柔力球运动的功能特点

（1）全身的协调功能。柔力球运动吸取了太极拳劲力之精髓，在接抛球时，先顺来球的线路做弧形引化，再顺势把球抛出，这一过程强调了神经对肌肉的控制，并且接抛球时积极移动身体做出多种动作的变化，使身体得到全面锻炼。

（2）创造性的思维功能。柔力球在遵守接抛球规定的前提下，练习者可以任意地创新动作，使用多种隐蔽、转体等接抛球动作，在运动中可随机应变，随机联合多种动作，在复杂的情况下辨清态势，创意性地做出动作抉择，以达到愉悦身心的效果。

（3）广泛的适应功能。柔力球运动的适应性表现在两个方面：① 柔力球运动不受场地、风雨等自然条件的限制，由于设计有各种套路和游戏性花样打法，同时又有在规则约束下的竞赛机制，满足了不同爱好者对运动方式的选择需要；② 老年人在练习时，可根据自身体质调节运动量和运动方式。

（4）美育教育功能。在柔力球运动中，始终贯彻"轻快，矫捷，优美的风格"，每个动作都包含有手、眼、身步与呼吸的配合。同时，为了锻炼练习者和球拍的协调能力、持拍接抛球的手感及提高练习的兴趣，还编排了柔力球套路。套路吸取了武术中手、眼、身步、神气、力和功等要求，运用了太极拳的动作规范，充分体现了柔力球"轻灵圆活，势势相连，闪展腾挪，进退转折，动静缓急，刚柔相济"的运动特点。练时随着球的上下翻飞和身体姿势的不断变化构成了固有的艺术特色,形成了群众喜爱的民族风格。长期练习,就能达到一种人拍合一、心球合一的境界,从而使练习者能够"理解美、欣赏美、表现美、创造美"。综上所述,柔力球运动是一项符合生理规律的健身运动。

三、对柔力球练习者的要求

(1)要练好身体,必须实行体育运动与养生相结合。光练不行,还需要和饮食起居、生活习惯等各个方面配合起来,就如吸烟对人体有害应该戒掉,酒也不宜多喝一样。

(2)饭后一小时内不宜锻炼,以免影响呼吸和消化,运动时服装要宽松,以免妨碍动作。

(3)运动时间和次数要因人、因时、因地制宜,量力而行。

(4)运动时要全身放松、轻缓用力,做动作要松中有紧、柔中有刚,切不可用僵力。

柔力球虽是一项击技运动,它的作用首先在于击技,但是通过长期坚持不懈的锻炼,确实可收到强身、健体、祛病、益寿的医疗保健效果。应该指出,柔力球的作用并不仅限于击技和保健,它还可以在潜移默化之中,陶冶心性、培育情趣、修养品德。

第二部分　教学篇

第三章　柔力球运动器材及场地简介

第一节　器材简介

一、柔力球拍

(1) 球拍由拍柄、拍杆、拍颈、拍框、拍面组成整个框架,见图 3-1-1。

(2) 拍柄是练习者正常握拍的部分。

(3) 拍框界定了拍面的范围。

(4) 拍面是练习者持拍抛接球的部分。

(5) 球拍总长(包括拍框、拍杆、拍颈和拍柄)47~55 厘米,宽不超过 23 厘米。

(6) 拍框围绕整个拍面成圆形,拍框内缘为外翻 45°对称的斜面;拍框也可以由直径不超过 1 厘米的圆柱构成。

(7) 拍面平整,由柔软有弹性的橡胶或橡塑材料制成,厚度不超过 0.1 厘米。

(8) 在球拍水平放置时,拍面的中心应为下垂的最低点,最低点与拍框水平距离不得超过 0.5 厘米(竞技比赛用拍)。

在球拍水平放置时,拍面的中心应为下垂的最低点,最低点与拍框水平距离不得超过 1 厘米(套路比赛用拍)。

(9) 在水平的拍面中心放置一个标准用球,其最低点与拍框水平面距离不得超过 1.5 厘米(竞技比赛用拍和套路比赛用拍)。

(10) 球拍上不允许附加任何可能从本质上改变球拍性能或形状的装置。

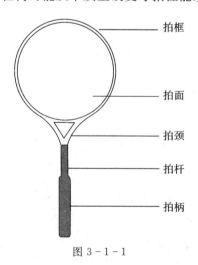

拍框

拍面

拍颈

拍杆

拍柄

图 3-1-1

二、柔力球

（1）球应为圆球体，直径为 6.8 厘米±0.1 厘米。

（2）球的总重量为 55 克±2 克，球体内沙砾不得超过 30 克。

（3）球面材料为橡胶或塑料，可以为光面或凹凸花纹面（凸起点的高度不得超过 0.03 厘米）。

（4）在一次比赛中所使用的球必须为同一品牌。

第二节　柔力球运动场地简介

一、套路比赛场地和设备

（1）套路比赛场地为 26 米×16 米的长方形，四周的白色标志带边线，属于场地的一部分。

（2）比赛场地应该为地板或地胶，平坦、不涩不滑，可设特制的背景板。

（3）场地要有专业的音箱设备和辅助灯光。

（4）裁判席设在比赛场地的正前方独立区域。

二、竞技比赛场地和设备

（1）竞技比赛场地应是一个长方形，用宽 4 厘米的线画出（见图 3-2-1）。

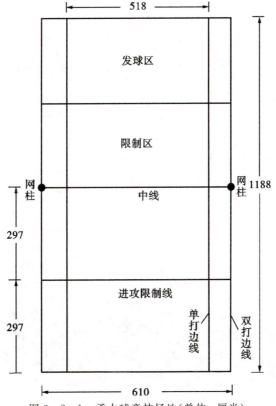

图 3-2-1　柔力球竞技场地（单位：厘米）

（2）场地线的颜色应是白色、黄色或其他容易辨别的颜色。

（3）所有的线都是场地所界定区域的组成部分。

（4）在网下连接两条边线中点的连线为中线，两边场区距中线297厘米处各有一条与中线平行的线为限制线，限制线到中线之间的区域为限制区。

（5）限制线在比赛时可以无限延长，称为进攻限制线。进攻限制线属于前场限制区域。

（6）两边场地限制线后297厘米到端线之间的区域为发球区。单打场地宽518厘米，双打场地宽610厘米。单打场地限制线后到端线之间的区域为单打发球区，双打场地限制线后到端线之间的区域为双打发球区。

（7）场地四周至少有2米的无障碍区，比赛场区上空的无障碍空间从地面量起至少高7米，其间不得有任何障碍物。

（8）球网应由深色优质的细绳编织而成，网孔为均匀分布的方形，边长不超过4厘米。

（9）从场地地面量起，球网高1.75米。球网上下宽76厘米～80厘米，全长至少6.10米。

（10）不论是单打还是双打比赛，网柱都应放置在双打边线上。网柱及其支撑物不得伸入场地内。

（11）球网两端与网柱之间不应有空隙。必要时，应把球网两端与球柱系紧。

（12）主裁判椅从地面到坐面应在1.5米左右，距离网柱30～50厘米。

第四章　柔力球基本技术

第一节　柔力球技术的基本要素及表现形式

一、"弧形引化"的解释

"弧形引化"是柔力球竞技运动的核心技术。一个完整的弧形引化动作是由迎球、引球、抛球三个部分组成的。

完整的"弧形引化"必须是：从迎球入拍到球拍引化弧线，再到球拍抛出球的运动轨迹是一条连续、圆滑、没有拐点的弧线。

迎球：当球飞来时，运动员持拍主动迎向来球，顺着来球的速度和方向挥拍，当球拍速度和球的速度接近时，顺势将球从拍框边缘切入拍面。

引球：球入拍后，为抓捕更好的战术机会，充分利用来球的速度和力量，顺势沿着来球方向将球引入圆弧。

抛球：通过身体和手臂带动球拍在同半径、同转轴、同平面做圆弧运动，使球进入弧线运动轨道，并适时通过减速或调整挥拍角度，使球在惯性作用下沿着圆弧的切线方向飞出。

二、太极柔力球的三大要素

(一) 迎

当球飞来时手持球拍，对向来球的方向主动伸拍迎球，如图 4-1-1 中 a 点到 b 点之间的连线为迎球过程，球拍与来球是相对运动，这样获得了充分的缓冲距离和入球时间，也为引球过程做好了准备。

(二) 引

在球快入球拍时，球拍顺球的运动方向和轨迹相向运动，如图 4-1-1 中 b 点到 c 点之间的连线为引球过程，当球拍与来球的速度接近时，使球从球拍的边框处柔和地切入球拍，并在"引"的过程中，通过流畅的弧线运动，尽可能多地将来球的力量引入抛球圆弧，使抛球过程获得更多的初速度，为抛球过程的开始奠定良好的基础。

(三) 抛

抛球过程是身体带动持拍臂和球拍进行一个同半径、同转轴、同平面的匀变速圆弧运动的过程，如图 4-1-1 中 c 点到 d 点之间的连线为抛球过程，它是将身体的运动力与"引"球过程导入的来球之力合为一体，并将这个力在抛球过程的最初阶段作用于球拍和球，使它们沿抛球圆弧旋转，在离心力和向心力的作用下，球与球拍合为一体。当球拍挥旋停止和减速时，在旋转惯性的作用下(物理上称为惯性离心力)，球从球拍引化方向的边缘沿着引化圆弧的切线方向飞出。

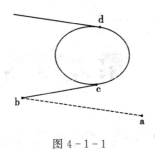

图 4-1-1

迎、引、抛作为弧形引化过程的三个阶段,既要准确反映各个环节的不同特点,又要在整体动作中融会贯通,连为一体。在抛球过程中,球拍的横截面应始终处于抛球圆弧的切线上,球保持在球拍的内侧。抛球过程的用力是在抛球的初始阶段,球拍与球在抛球弧线中是匀加速或匀减速运动,在抛球过程开始后,不得再出现第二次突然用力和改变原有弧线轨迹的情况。在球出球拍的瞬间,出球点的拍框外缘应与出球方向保持一致。

三、柔力球技术的基本表现形式

柔力球技术的表现形式分为两种:套路项目和竞技项目。套路项目分为规定套路、自选套路两种形式;竞技项目包括男单、女单、男双、女双和混双五种形式。

四、太极柔力球运动中的拍、弧对应关系

在"引化现象"表现为大小都是弧、大小都是圆的设定条件下,应特别注意拍、弧之间的对应关系。在弧形引化过程中,拍面中心点应始终处于圆弧切点位置,且应与弧形引化轨迹中的任意一点相吻合。以引化方向上拍框边缘的正中点为引化先导点,再以与其相对应的处于引化方向后侧的拍框边缘的正中点为对应点,通过拍面中心点 C 将上述两点连接后形成的连线 AB 与弧内圆心 O 和拍面中心点 C 的连线相垂直,如图 4-1-2 左图所示。球拍触球面在弧形引化轨迹中,应始终对准弧内圆心 O 的方向。在出球阶段,球拍应沿着引化圆弧切线方向运行,最后出球的瞬间,引化方向的拍框边缘应对准抛出方向。

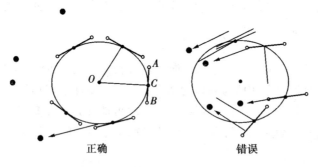

正确　　　　　　　　错误

图 4-1-2

鉴于上述的拍、弧对应关系,在弧形引化过程中的任意一点上,当球拍面与引化圆弧产生较大角度并使引化技术动作出现推、压、煽、抖、挑、扣等可见现象时,均应视为错误接抛球,如图 4-1-2 右图所示。

太极柔力球的运动方法和竞赛规则都是围绕上述运动思想、技术原理、四大特点、三大要素和拍、弧对应关系而设立的,这些也是太极柔力球运动的根本法则和基本理论,是

教练员、裁判员与运动员需要深刻领会和掌握的要点。从理论上讲，在抛球过程中，圆心和半径不能突然改变，球拍与弧的对应关系不能发生错误。从视觉角度来讲，在上述的要求发生错误时，动作是非常明显的，也是容易判断的。但人体是在动态中完成动作的，要想使动作绝对精确也是不可能的，因为我们毕竟是人而不是机器，所以我们不要机械地理解太极柔力球的理论内容，而要从实际、直观和可操作的角度来认识它，并在训练、比赛和裁判工作中尽最大努力使动作规范，以符合这项运动的基本理论。

第二节　太极柔力球套路练习的要求

一、太极柔力球套路练习的技术特点

太极柔力球的套路练习与太极拳套路的一些特点非常相似，都要求全身放松、神志入静、立身中正、上下相随、虚实分明、柔中有刚、刚柔相济。其运力特点是其根在脚、力发于腿、主宰于腰、并行于手指和球拍，它们是完整一体的劲力。太极柔力球的动作较多使用缠丝劲、螺旋劲、拉长劲，用意念主导形体，刚柔、快慢相间而动。

二、太极柔力球套路练习的要求

套路是太极柔力球基本功的练习方法，是体会和掌握太极柔力球用力和控球技巧的关键。在练习太极柔力球套路时，主旨和运动风格是相同的，但形式和表达方法则各有特点，千人千面。套路练习就像写毛笔字一样，先拓字后临摹，通过这些长期的基本训练掌握了正确的字形、字体后，再逐渐形成自己的特色，最后达到随心所欲、下笔如神的境界。我们练习规定套路就是在进行该项运动的基本功和动作单元训练，在掌握了规范、正确的基本技术之后，才能将太极柔力球自由轻松、形意相通的韵味体现出来。

（1）在套路练习中，上体要灵活自然，两臂放松抱圆自然摆动，下肢要扎实有力，两膝微屈，每个动作的用力都要以脚腿而起，最后由腰来主宰整个动作的完成。在套路演练中手和脚要协调配合，手动脚动，脚动手亦动，通过手脚的互动使整个身体顺畅自然。在步法移动和身体的变化中要先沉后移，落步轻柔准确、重心平稳。球拍划出的弧和圆都要饱满对称、连贯自然。在抛接球时要遵照技术规范，抛球时要求在一条弧形曲线之中，以完整一体的全身合力将球沿球拍的边框和所划圆弧的切线方向甩出。

（2）在套路练习中，要求动作轻灵沉稳、中正平舒、刚柔相济、圆润流畅。动作的连接要巧妙合理、随势而动、顺其自然。在完成动作时身体带动球拍和球在大小不同的圆弧曲线上连续不断地运行，除了个别的抛接动作外，球拍与球应紧密相连。全套动作中没有停顿、折返、拐点和直线运动。

（3）在套路练习时，手要随时感觉到球的重力和球的离心力方向，灵活准确地控制球拍，球拍的持球面要保持一定的角度对向拍内球的离心力方向，保持离心力和向心力的动态平衡，使球与球拍之间的摩擦力始终大于球的动力，球拍与球粘连相随、不离不弃，这与太极推手中双方你来我往的攻防要领很相似。我们要在练习中最大限度地发挥手指的触觉和灵敏度，练出粘劲，练出缠功，这是掌握太极柔力球套路表演技巧的关键。

（4）在套路练习中，所有的动作都是围绕离心力、向心力完成的，所以在套路运行过程中要始终保持它们的存在。再复杂的动作也是万变不离其宗的，只要练就了扎实的基本功，真正理解了这项运动的技术原理，就会一通百通、随心所欲地掌握和运用各种技术动作，编排出优美流畅的自选套路。

太极柔力球的套路是流动的艺术，每一个动作都要求在动态中完成，在大小不同的圆中完成。只有身体动起来，全身的肌肉关节才能协调有序地完成动作，在不断的行进过程中才能使腿腰之力上传到球拍，使球拍在各种不同的圆弧轨迹中获得绵绵不绝的动力。而球拍也只有在运转过程中获得了充足的动力，划出的圆才会圆润饱满，拍内球获得的离心力和向心力才会更大，这样球拍和球之间就能更紧密地相贴，从而提高控球技巧。

三、自选套路练习的注意事项与编排要求

好的文章是有感而发的，妙在天成。好的运动、舞蹈也一样，它是内心灵感的爆发和闪现。太极柔力球的自选套路就应以即兴发挥为主，自由创作、随心所欲，但也有一些注意事项和编排要求。

（1）个人套路演练首先要有自己的特色，要营造发自内心的真情实感，使每一位练习者都能在套路练习中找到心灵的安宁，让每一个动作都能成为无声的音乐，营造一种返璞归真、清纯自然的氛围。

其次，在技术的使用上要恰到好处又不牵强附会，尽量减少动作之间的衔接痕迹，不能为了追求技术难度而丢掉了所要表达的主题情感，丢掉了太极柔力球特有的韵味。在完成每一个动作时都要顺畅自然，要意到行到、顺势而为、巧妙婉转地进行动作组合，从而达到物我两忘的美好境界。

（2）在自选套路的演练中，要根据自身条件巧妙自然地编排动作，最大可能地发挥自身优势，但不要过分机械刻板地学习动作。参加练习的人有男有女，年龄也各不相同，每个人都有不同的身体素质和生理条件，我们要有自己的风格和韵味，不必苛求每个动作都一定要与光盘教学或其他队员相同。太极柔力球的锻炼形式很多，适合自己的才是最好的。我们不要把太极柔力球简单地理解为是带了球的太极拳，更不是球的杂耍，我们应当将太极柔力球技术和谐地融入到动作和音乐之中，要以轻松自然、动作合理、有利身心健康为前提，以舒展大方、中正稳健、典雅端庄为目标，通过该项运动让自己的身心得到放松休息，找到真正属于自己的自由和快乐，这才是太极柔力球运动的最高境界和精华所在。

第三节　柔力球套路技术

一、握拍方法

（一）正握

用拇指和食指第一指节的指腹部位，相对捏住拍把与拍面平行的两个宽面处，其余手指顺势扣握，拍把的尾部靠在手掌的小鱼际处，掌心要空出，以便球拍在手中自如运转，见图 4 - 3 - 1。

（二）反握

反手握拍也是拇指和食指第一指节的指腹部位，相对捏握在拍把与拍面垂直的两个窄面处。其余手指顺势扣握，掌心空出，使球拍能灵活方便地应对各种复杂技术动作的要求，见图 4 - 3 - 2。

图 4 - 3 - 1 　　　　　　　　　图 4 - 3 - 2

二、柔力球基本套路

（一）柔力球基本套路规定动作

1. 动作名称

（1）左右摆动：2×8 拍；

（2）正面绕环：4×8 拍；

（3）左右转体：4×8 拍；

（4）左右小抛：4×8 拍；

（5）正反抛接：4×8 拍；

（6）腿下抛接：4×8 拍；

（7）身后抛接：4×8 拍；

（8）整理运动：2×8 拍。

2. 动作要领及要求

第一节：左右摆动，2×8 拍（见图 4 - 3 - 3）。

起势　　　　　①1~8拍　　　　　②1~8拍

图 4 - 3 - 3

动作要领：起势成立正姿势站立，左手持球弧形抛至头顶上方，同时持拍手在头顶右侧上方接球，两手在头顶上方形成抱圆状，球入拍时，降低身体重心同时左脚向左侧横跨一步。

①1~8拍：持拍臂微屈，以肩为轴在体前完成向左、向右的弧形摆动，脚步不动。

② 1～8拍：同①但脚步做两边并脚动作。

动作要求：注意划出的弧形成一个开口向上的半圆，两边一定要对称、完整，半径要固定。左右拍位的高度与肩同高或稍比肩高，拍形应做到拍尖向前，身体重心应先沉后移，动作圆滑，有节奏。用力一定要由脚到腿、到腰，用腰带动手臂来完成动作。注意不要出现身体上下过多的起伏。

易犯的错误动作：

（1）摆动时屈臂过多。

（2）拍位、拍形不准确。

（3）左右弧形不圆满，两侧不对称。

（4）摆动时身体不正，出髋。

第二节：正面绕环，4×8拍（见图4-3-4）。

①、②1　　　　2　　　　3　　　　4

5　　6　　　　7　　　　8

③、④1　　　　2　　　　3　　　　4

5　　　　6　　　7　　　　8

图4-3-4

动作要领：

① 1～2拍在体前做弧形摆动，3～4拍立拍在头前做顺时针绕环，5～6拍同1～2拍但方向相反，7～8拍立拍在头前做逆时针绕环。

② 重复①动作。

③、④　同①、②子上动作，但①、②脚步原地不动，③、④脚步交替向左右并脚。

动作要求：正面绕环应立拍在头前做上下的正面绕环，绕环划出的圆要止、要圆，更很饱满、很连贯，左右对称，连接向左、向右摆动时，持拍臂应到左或右侧位。

易犯的错误动作：

(1) 绕环在身前平绕。

(2) 绕环方向不正，偏左或偏右。

(3) 左右弧形摆动的幅度不到位。

(4) 绕环时，球离开球拍。

第三节：左右转体，4×8拍（见图4-3-5）。

①1　　　　2　　　　3　　　　4

③2　　　　3　　　　4

图4-3-5

动作要领：

① 1～2拍脚步开立两腿微屈，两臂抱圆与肩同高，左右转体。3～4拍向左转体180°；5～6拍同1～2拍动作；7～8拍同3～4拍动作。

② 第2拍向右转体180°，3～4拍同①1～2拍动作；第6拍向右转体180°；7～8拍同①3～4拍动作。

③ 1～2拍左右摆动，3～4拍在一直线上，两腿微屈转体，向左侧上步转体360°。5～6拍同1～2拍；7～8拍同3～4拍向右侧上步转体360°，转体后应主动做沉摆。

④ 重复③动作。

动作要求：本节是体现太极柔力球用力方法的重要内容。用力一定要完整连贯、上下相随，发力要由脚到腿再到腰，由腰主宰带动全身运动。左右转体是以身体的纵轴为中心，向左和向右作旋转。注意用力要完整、上下相随、连绵不断、一气呵成。

易犯的错误动作：

（1）转体挥臂过高。

（2）转体 360°时，持拍臂上下起伏，没有保持在肩水平位旋转。

（3）转体 360°时，脚步交叉转体，不在一条直线上。

（4）直腿转体。

（5）360°转体后，沉摆不充分。

第四节：左右小抛，4×8 拍（见图 4-3-6）。

① 1、3、5、7　　　　2、4、6、8　　　③ 1、3、5、7　　　　2、4、6、8

图 4-3-6

动作要领：

①、②左右弧形摆动将球抛离球拍，然后接球。

③、④动作同①、②，球抛出后将球拍翻转 180°。

抛球时要让球沿拍框而出，入球时要沿拍框而入，就是沿着圆弧的切线方向出入球。

动作要求：这个动作要求按规定将球抛离球拍。打太极柔力球的用力方法是用旋转的惯性将球送出球拍。注意用力一定要连贯完整，完成一个匀加速或匀减速的弧线过程。发力是在旋转的前程，而不是最后发力出球。

左右弧形摆动圆满，正、反握拍抛接球应在左或右摆动的两侧约与肩高处。抛接球应正确运用"迎、纳、引、抛"的技术，抛球高度稍过头。

易犯的错误动作：

（1）左右弧形摆动幅度过小。

（2）抛接球时，技术不正确，采用托、挑等错误动作接抛球。

（3）抛球过高或过低。

第五节：正反抛接，4×8 拍（见图 4-3-7）。

动作要领：

① 1～2 拍在体前做弧形摆动，3～4 拍在体前完成顺时针的抛接过程，5～6 拍同 1～2 拍，7～8 拍在体前完成逆时针的抛接过程。

② 同①动作。

图 4 - 3 - 7

③ 1～2拍同①1～2拍，3～4拍同①3～4拍，同时脚向左侧并步，5～6拍同①5～6拍动作，7～8拍同3～4拍，同时脚向右侧并步。

④ 重复③动作。

动作要求：在体前完成顺时针和逆时针的抛接过程。动作要求完整连贯，划出的圆要圆满自然。发球时拍框要对向出球方向，入球时拍框要对向入球方向。前两个8拍脚不动，后两个8拍并脚。

应在左或右弧形摆动过肩后抛球，接球应主动切纳，技术正确，弧形引化充分，动作圆滑、连贯、流畅，抛球高度稍过头。

易犯的错误动作：

（1）抛球时有拨、挑等错误动作。

（2）抛接球方向不正，偏左或偏右。

（3）动作幅度小，不连贯，节奏不好，抛球过高或过低。

第六节：腿下抛接，4×8拍（见图4－3－8）。

3　　　　　　　4　　　　　　　7　　　　　　　8

图4－3－8

动作要领：

① 1～2拍体前左右摆动。第3拍时向前踢左腿，同时由右向左弧形摆动，经左腿下将球沿所画弧线的切线方向抛至左前上方。第4拍左脚自然落回原位同时持拍臂主动迎球，将球由球拍左侧的边框应引入拍，顺势向右摆动。

② 1～2拍体前左右摆动。第3拍时向前踢右腿，同时由右向左弧形摆动，经右腿下将球沿所画弧线的切线方向抛至左前上方。第4拍时右脚自然落回原位同时持拍臂主动迎球，将球由球拍左边框应引入拍，顺势向右摆动。

③ 重复①动作。

④ 重复②动作。

动作要求：应按正确的抛接球技术在腿下和身前做正手抛接球动作，身前抛接球的同时，两腿应做有节奏的屈伸动作。抛接球时身体应保持平衡，动作流畅、协调，抛球稍过头。

易犯的错误动作：

（1）抛球时向上挑球，接球时没有"切纳"、"引化"，动作有停顿。

（2）重心不稳，姿态差。

（3）抛球过高或过低。

第七节：身后抛接，4×8拍（见图4－3－9）。

动作要领：在身后完成抛接动作。每一个8拍前两拍都是左右的弧形摆动，在3、7拍时左脚上前一步，同时身体向右侧转体90°，将球从身后抛向身体左侧，然后由反侧将球拉回，同时身体左转90°。动作要保持平稳。

动作要求：抛接球时应以左右弧形摆动技术完成，动作协调、切纳及时。抛球方向为左前上方，高度稍过头。整个动作流畅、圆滑而有节奏，姿态正确。注意用力要完整连贯，送球不能有抖手腕或用拍面向上托的动作。要用腿、腰带动手臂，将球沿着拍框发送到指定位置。

图 4-3-9

易犯的错误动作：

（1）摆动不充分、用力不完整，拍、弧关系发生错误，二次用力推、挑球出拍。

（2）抛球方向不正，抛球过高或过低，抛球时身体失去平衡。

（3）动作姿态不正确，节奏差，不协调。

第八节：整理运动，2×8拍＋2拍（见图4-3-10）。

图 4-3-10

动作要领：同第一节动作，只是将脚步移动、并脚的顺序颠倒过来即可。

动作要求：结束动作时的抛球，应在身前划弧，球沿拍的左边框切线向上抛起；收球时，手心向前接球，缓缓放下并收腿成直立。

易犯的错误动作：

（1）摆动动作的错误同第一节。

（2）结束前的抛球动作没有弧形引化，而是用拍面向上挑出。

（3）收球时，手心向上接球，动作不柔和。

（二）柔力球飞龙二套规定动作

1. 动作名称

（1）左右摆动：4×8拍；

（2）四方摆动：4×8拍；

（3）八字绕环：4×8 拍；

（4）正面绕环：4×8 拍；

（5）水平旋转：4×8 拍；

（6）立旋转体：4×8 拍；

（7）左右抛接：4×8 拍；

（8）正反抛接：4×8 拍；

（9）垫步绕环：2×8 拍；

（10）腿下抛接：4×8 拍；

（11）绕环收势：2×8 拍＋2 拍。

2．动作要领及要求

第一节：左右摆动，4×8 拍（见图 4－3－11）。

起势　　　　①② 1～2　　　　3～4　　　　③ 7～8 拍

图 4－3－11

动作要领：起势成立正姿势站立，左手持球弧形抛至头顶上方，同时持拍手在头顶右侧上方接球，两手在头顶上方形成抱圆状，球入拍时，降低身体重心同时左脚向左侧横跨一步。

① 1～8 拍：持拍臂微屈，以肩为轴在体前完成向左、向右的弧形摆动，两臂自然在体前交叉，脚步不动。

② 重复①动作。

③、④ 同①，脚步做两边并脚动作，第四个 8 拍中的 7～8 拍以右脚为轴，向右转体 90°，准备衔接下一个动作。

动作要求：注意划出的弧成一个开口向上的半圆，两边一定要对称、完整，半径要固定。左右拍位的高度与肩同高或稍比肩高，拍形应做到拍尖向前，身体重心应先沉后移，动作圆滑，有节奏。用力一定要由脚到腿、到腰，用腰带动手臂来完成动作。注意不要出现身体上下过多的起伏。

易犯的错误动作：

（1）摆动时屈臂过多。

（2）拍位、拍形不准确。

（3）左右弧形不圆满，两侧不对称。

（4）摆动时身体不正，出骸。

第二节：四方摆动，4×8 拍（见图 4－3－12）。

动作要领：四个方向的弧形摆动，摆动时两手臂做体前交叉。共四个 8 拍，一个方向一个 8 拍，每一个方向的 7～8 拍时，以右脚为轴，向右转体 90°。完成四个 8 拍后身体回到正面。

动作要求：同第一节摆动要求，注意两手臂自然在体前交叉。

易犯的错误动作：

（1）摆动时屈臂过多。

（2）拍位、拍形不准确。

（3）左右弧形不圆满，两侧不对称。

（4）摆动时身体不正，出髋。

1～2　　　　　3～4　　　　　5～6　　　　　7～8

图 4 - 3 - 12

第三节：八字绕环，4×8 拍（见图 4 - 3 - 13）。

① 1　　　　　2　　　　　3　　　　　4

图 4 - 3 - 13

动作要领：

① 1～2 拍左脚向左侧 45°方向上步，身体顺势向左转体，同时持拍臂由右侧位向左侧绕环至左侧位，左臂自然摆动。3～4 拍右脚经左脚内侧向右前 45°上步，身体顺势向右转体，同时持拍臂由左侧位向右侧绕环至右侧位，左臂自然摆动。5～6 拍同 1～2 拍；7～8 拍同 3～4 拍，脚下为"Z"字形向前上四步。

② 上肢动作与①相同，持拍臂在身体两侧八字绕环，脚下以"Z"字形向后退四步。

③ 同①动作。

④ 同②动作。

动作要求：左右八字绕环时，持拍臂应自然弯曲，并由腰带动身体左右转动。绕环要对称，整个动作圆润、流畅，重心应先沉后移。

易犯的错误动作：

（1）绕环时没有由腰带动身体转动。

（2）拍位、拍形不准确。

（3）左右弧形不圆满，绕环不对称。

第四节：正面绕环，4×8拍（见图4-3-14）。

图4-3-14

动作要领：

① 1～4拍两脚开立，体前八字绕环。5～6拍体前顺时针正绕环的同时左脚活步，右脚向左脚内侧并步。7～8拍向左侧绕环的同时，左脚向左侧横跨步成开立步。

② 1～4拍两脚开立，体前八字绕环。5～6拍体前逆时针反绕环的同时右脚活步，左脚向右脚内侧并步。7～8拍向右侧绕环的同时，右脚向右侧横跨步成开立步。

③ 重复①动作。

④ 重复②动作。

动作要求：在完成动作时同样要以腰为核心，两臂自然舒展，画出的圆要端正、圆满。

易犯的错误动作：

（1）绕环时在身前平绕。

（2）绕环不够饱满、圆润。

（3）绕环时球离开球拍。

第五节：水平旋转，4×8拍（见图4-3-15）。

动作要领：

① 1～4拍两脚开立，八字绕环。5～6拍向左转体，两臂打开向上抱圆，同时左脚外摆，右脚向左侧180°处上步扣脚。7～8拍继续上抱圆完成180°水平旋转，同时左脚向左侧横跨步，形成开立步。

② 1～4拍两脚开立，八字绕环。5～6拍向右转体，两臂打开向上抱圆，同时右脚外摆，左脚向右侧180°处上步扣脚。7～8拍继续上抱圆完成180°水平旋转，同时右脚向右侧横跨步，形成开立步。

③ 同①动作。

④ 同②动作。

动作要求：水平旋转时要以身体的纵轴为中心，脚步稳健，动作舒展，在完成每个8拍的动作时，身体都旋转360°。

①5　　　　6　　　　7　　　　8

②5　　　　6　　　　7　　　　8

图 4－3－15

易犯的错误动作：

（1）两臂打开没有形成上抱圆。

（2）旋转时身体没有保持正直，脚步不稳，动作不够舒展。

第六节：立旋转体，4×8拍(见图4－3－16)。

①5　　　　6　　　　7　　　　8　　　　③3　　　　4

图 4－3－16

动作要领：

① 1~4 拍两脚开立，八字绕环。5~6 拍左脚外摆，右脚向左侧 180°处上步扣脚转体，持拍臂由身体右侧向后上转体画圆至身体左侧。7~8 拍持拍臂由身体左侧向身体右侧画圆。

② 重复①动作，使身体转回正面。

③ 1~2 拍由右向左画圆。3~4 拍右脚外摆，左脚向右侧 180°处上步扣脚转体，持拍臂由身体左侧向后上转体画圆至身体右侧。5~8 拍两脚开立，持拍臂在体前左右八字绕环。

④ 重复③动作使身体转回正面。

动作要求：在蹬转时，力要发之于腿，主宰于腰，全身协调用力。以腰带臂动作圆润、流畅、舒展、大方。旋转时双臂要打开，保持身体平衡，重心平稳。

易犯的错误动作：

（1）旋转时两臂没有充分打开，屈臂较多。

（2）旋转时身体没有保持平衡，前俯后仰，脚步不稳，动作不够舒展。

（3）动作不够圆润，重心起伏较大。

第七节：左右抛接，4×8 拍（见图 4 - 3 - 17）。

图 4 - 3 - 17

动作要领：

① 1~4 拍两脚开立，八字绕环。5~6 拍持拍臂顺势将球向左上方抛出。7~8 拍接球后绕环至身体右侧。

② 1~2 拍两脚开立，向左侧绕环。3~4 拍顺势将球向右上方抛出。5~8 拍接球后在体前左右八字绕环。

③ 重复①动作。

④ 重复②动作。

动作要求：抛球时要让球沿拍框而出，入球时要沿拍框而入，就是沿着圆弧的切线方向出入球。

易犯的错误动作：抛球时容易抖腕。

第八节：正反抛接，4×8拍（见图4-3-18）。

图4-3-18

动作要领：

①1～4拍两脚开立，八字绕环。5～6拍左脚活步，右脚向左脚内侧并步，由右向左弧形摆动至左侧位稍高于肩，球拍的左边框对向右上方时，将球沿所画弧线的切线方向抛出，球出拍框的高度应稍高于头。7～8拍持拍臂迅速至身体右上方迎球，球入球拍后，顺势向左画圆，同时左脚向左横跨步成开立步。

②1～4拍两脚开立，八字绕环。5～6拍右脚活步，左脚向右脚内侧并步，由左向右弧形摆动至右侧位稍高于肩，球拍的右边框对向左上方时，将球沿所画弧线的切线方向抛出，球出拍框的高度应稍高于头。7～8拍持拍臂迅速至身体左上方迎球，球入球拍后，顺势向右画圆，同时右脚向右横跨步成开立步。

③同①动作。

④同②动作。

动作要求：动作要求完整连贯，划出的圆要圆满自然。

易犯的错误动作：

（1）抛球时，没有沿所画弧线的切线方向将球抛出。

（2）球出拍框的高度没有高于头。

第九节：垫步绕环，2×8拍（见图4-3-19）。

动作要领：

①1～8拍持拍臂在体前左右八字绕环，同时左脚以右脚为中心前后垫步，在最后第8拍时左脚向右脚内侧并步。

②1～8拍持拍臂在体前左右八字绕环，同时右脚以左脚为中心前后垫步，在最后第8拍时右脚向左脚内侧并步。

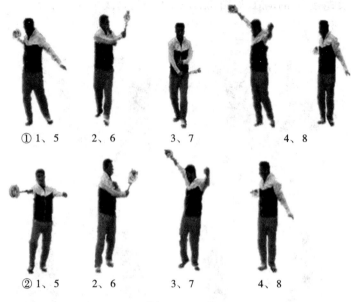

① 1、5　　　2、6　　　3、7　　　　4、8

② 1、5　　　2、6　　　3、7　　　　4、8

图 4 - 3 - 19

动作要求：上下相随，连贯自然，步伐准确到位，身法中正平舒，进退自如。

易犯的错误动作：动作不能连贯自如，有停顿动作。

第十节：腿下抛接，4×8拍（见图 4 - 3 - 20）。

① 5、6　　　7　　　　8　　　② 5、6　　　7　　　　8

图 4 - 3 - 20

动作要领：

① 1～4拍体前左右八字绕环。5～6拍时向前踢左腿，同时由右向左弧形摆动，经左腿下将球沿所画弧线的切线方向抛至左前上方。7～8拍左脚自然落回原位同时持拍臂主动迎球，将球由球拍左侧的边框应引入拍，顺势向右画圆。

② 1～4拍体前左右八字绕环。5～6拍向前踢右腿，同时由右向左弧形摆动，经右腿下将球沿所画弧线的切线方向抛至左前上方。7～8拍右脚自然落回原位同时持拍臂主动迎球，将球由球拍左边框应引入拍，顺势向右画圆。

③ 重复①动作。

④ 重复②动作。

动作要求：向前踢腿时，角度应高于90°，支撑腿要伸直，身体要中正。抛球时球应沿所画弧线的切线方向抛出，不能拨、挑。接球时要主动迎球，将球悄无声息地引入球拍。

易犯的错误动作：

（1）抛球时出现挑球的动作，没有沿所画弧线的切线方向将球抛出。

（2）踢腿时的高度不够，身体不稳，出现晃动。

第十一节：绕环收势，2×8拍＋2拍（见图4-3-21）。

① 1～8   ② 7～10

图4-3-21

动作要领：

① 1～8拍持拍臂在体前左右八字绕环，脚下以"Z"字形向前上四步。

② 1～6拍持拍臂在体前左右八字绕环，脚下以"Z"字形向后退步。7～8拍抛球，第9拍左手接球，第10拍左脚向右脚并回，手臂缓缓落下。

动作要求：左右八字绕环时，持拍臂要自然弯曲，并用腰带动身体左右转动。左右脚的"Z"字形前后一步，都以45°的方向出步。绕环的圆要对称，整个动作圆润、流畅，弧度逐渐减小。

（三）柔力球阳光系列《一路歌唱》动作

1. 动作名称

（1）八字绕环：4×8拍；

（2）正反绕环：4×8拍；

（3）绕环转体：4×8拍；

（4）平旋转体：4×8拍；

（5）跳步抛接：4×8拍；

（6）抱圆旋转：2×8拍＋4拍；

（7）插步立旋：4×8拍；

（8）背后抛球：4×8拍；

（9）进退抛接：4×8拍；

（10）绕环收势：4×8拍＋2拍。

2. 动作要领

第一节：八字绕环，4×8拍（见图4-3-22）。

动作要领：

① 1～8拍球入球拍后原地八字绕环。

② 1～8拍并步八字绕环，第8拍收左脚，脚尖点地。

③ 1～6拍上步八字绕环。7～8拍脚步不动，重心移至右脚，持拍臂八字绕环。

④ 1～6拍退步八字绕环。7～8拍脚步不动，重心移至右脚，持拍臂八字绕环。

起势　　　　　　　　　② 1~8

③ 1~2　　　　3~4　　　　5~6　　　　7~8

④ 1~2　　　　3~4　　　　5~6　　　　7~8

图 4 - 3 - 22

第二节：正反绕环，4×8 拍（见图 4 - 3 - 23）。

① 5　　　　6　　　　7　　　　8

② 5　　　　6　　　　7　　　　8

图 4 - 3 - 23

动作要领：

① 1～4 拍两脚开立，八字绕环。5～6 拍体前顺时针绕环的同时，左脚活步，右脚并步。7～8 拍向左绕环的同时，左脚向左横跨步成开立步。

② 1～4 拍两脚开立，八字绕环。5～6 拍体前逆时针绕环的同时，右脚活步，左脚并步。7～8 拍向右绕环的同时，右脚向右横跨步，以右脚为轴，提左膝向右转体 180°，成开立步。

③、④ 重复①、② 动作。

第三节：绕环转体，4×8 拍（见图 4-3-24）。

图 4-3-24

动作要领：

① 1～4 拍两脚开立，体前八字绕环。5～6 拍以左脚为轴，向左转体 180°，同时持拍臂向后绕环至身体左侧。7～8 拍向右绕环至身体右侧位。

② 同①动作。

③ 1～2 拍向左绕环，3～4 拍以右脚为轴，向右转体 180°。5～8 拍原地八字绕环。

④ 同③动作。

第四节：平旋转体，4×8 拍（见图 4-3-25）。

动作要领：

① 1～4 拍体前八字绕环。5～8 拍左脚外摆，右脚向左侧 180°处扣脚，撤左脚完成上抱圆 360°跳步旋转。

② 1～4 拍八字绕环。5～8 拍右脚外摆，左脚向右侧 180°处扣脚，撤右脚完成上抱圆 360°跳步旋转。

③、④ 同①、②动作。

图 4 - 3 - 25

第五节：跳步抛接，4×8 拍(见图 4 - 3 - 26)。

图 4 - 3 - 26

动作要领：

① 1～2 拍左脚向前上步，吸腿跳，持拍臂向左绕环。3～4 拍右脚向前上步，吸腿跳，持拍臂向右绕环。5～6 拍向前落左脚，后抬腿抛球。7～8 拍接球落右脚，经右向后转体 180°收左脚点地。

②、③ 同①动作。

④ 1～6 拍同①的 1～6 拍动作，7～8 拍向右转体 180°，重心移至右脚。

第六节：抱圆旋转，2×8 拍＋4 拍(见图 4 - 3 - 27)。

动作要领：

① 1～4 拍左脚上步成开立步，右脚盖步成反八字绕环。5～8 拍左脚上步，以左脚为轴，向左上抱圆转体 360°，落右脚并步。

② 8＋4 拍：1～4 拍右脚向右迈步，左脚盖步，持拍臂反八字绕环。5～8 拍右脚上步，以右脚为轴，向右上抱圆转体 360°，落左脚并步。9～12 拍左脚退步，右脚并步，持拍臂反八字绕环。

①1~2　3~4　5　6　7　8

②1~2　3~4　5　6　7　8

9　10　11　12

图 4-3-27

第七节：插步立旋，4×8 拍（见图 4-3-28）。

① 1　2　3　4

图 4-3-28

动作要领：

① 1~2 拍左脚向左跨步成开立步，持拍臂向左绕环。3~4 拍右脚后插步向右立旋转体 180°成开立步。5~8 拍原地八字绕环。

②、③、④ 同①动作。

第八节：背后抛球，4×8 拍（见图 4-3-29）。

动作要领：

① 1~2 拍左脚前上步，吸腿跳，持拍臂向左绕环。3~4 拍右脚向前上步，吸腿跳，持拍臂向右绕环。5~6 拍向右转体 90°，背后抛球。7~8 拍接球向右绕环。

②、③、④ 同①动作。

图 4 - 3 - 29

第九节：进退抛接，4×8 拍（见图 4 - 3 - 30）。

图 4 - 3 - 30

动作要领：

① 1～2 拍左脚向前上步，吸腿跳，持拍臂向左绕环。3～4 拍右脚向前上步，吸腿跳，持拍臂向右绕环（见图 4 - 3 - 26 跳步抛接 1～4 拍）。5～6 拍左脚向左侧横跨一步，持拍臂在体前完成顺时针的抛接球。7～8 拍接球后持拍臂向左绕环，身体重心偏移至左腿。

② 1～2 拍右脚向后退步，吸腿跳，持拍臂向右绕环。3～4 拍左脚向后退步，吸腿跳，持拍臂向左绕环。5～6 拍右脚向右侧横跨一步，持拍臂在体前完成逆时针的抛接球。7～8 拍接球后持拍臂向右绕环，身体重心偏移至右腿，收左脚，脚尖点地。

③ 1～4 拍向左侧做交叉步同时手臂做开合手，先交叉后打开。5～8 拍交叉步后，左脚向左侧横跨一步，同时持拍臂在体前做顺时针的抛接球，另一手臂自然展开。

④ 1～4 拍向右侧做交叉步同时手臂做开合手，先开再合。5～8 拍交叉步后，右脚向右侧横跨一步，同时持拍臂在体前做逆时针的抛接球，另一手臂自然展开。

第十节：绕环收势，4×8 拍＋2 拍。

动作要领：

①、②动作同第一节八字绕环中的③、④动作。

③、④动作同第一节八字绕环中的①、②动作。但④中的 7～8 拍抛球，第 9 拍左手接球，第 10 拍左脚向右脚并回，手臂缓缓落下。

（四）柔力球套路《走天涯》动作

1. 动作名称

（1）左右摆动：4×8 拍；

（2）摆动抛接：4×8 拍；

（3）左右转体：4×8 拍；

（4）正面绕环：4×8 拍；

（5）平旋转体：4×8 拍；

（6）立旋转体：4×8 拍；

(7) 并步绕环：2×8 拍；

(8) 腿下抛接：4×8 拍；

(9) 摆动收势：2×8 拍+4 拍。

2. 动作要领

第一节：左右摆动，4×8 拍(见图 4-3-31)。

① 1~8拍   ③ 1~8拍

图 4-3-31

动作要领：起势成立正姿势站立，左手持球弧形抛至头顶上方，同时持拍手在头顶右侧上方接球，两手在头顶上方形成抱圆状，球入拍时，降低身体重心同时左脚向左侧横跨一步。

①、② 成开立步，持拍臂微屈，以肩为轴在体前完成向左、向右的弧形摆动，脚步不动。

③、④ 在做摆动的同时脚左右并步。

第二节：摆动抛接，4×8 拍(见图 4-3-32)。

① 1~2   3~4   5~6   7~8

② 1~2   3~4

图 4-3-32

动作要领：

① 1~4 拍左右摆动。5~6 拍持拍臂摆动至身体左侧前上方时顺势将球抛出。7~8 拍

接球后摆动至身体左侧。

②1～2拍持拍臂向左侧摆动。3～4拍持拍臂摆动至身体右侧前上方时顺势将球抛出。5～8拍继续左右弧形摆动。

第三节：左右转体，4×8拍（见图4－3－33）。

动作要领：

①1～4拍左右摆动。5～6拍以左脚为轴，向左转体180°，同时持拍臂向后绕环至身体左侧。7～8拍持拍臂体前摆动至身体右侧。

②同①动作。

③1～2拍持拍臂摆动至身体左侧。3～4拍以右脚为轴，向右转体180°，同时持拍臂向后绕环至身体右侧。5～8拍左右体前弧形摆动。

④同③动作。

第四节：正面绕环，4×8拍。

动作要领：

①1～4拍两脚开立，体前弧形摆动。5～8拍持拍臂体前顺时针正绕环至身体左侧。

②1～4拍两脚开立，体前弧形摆动。5～8拍持拍臂体前逆时针反绕环至身体右侧。

③1～4拍两脚开立，体前弧形摆动（见飞龙二套正面绕环图解）。5～6拍体前顺时针正绕环的同时左脚活步，右脚向左脚内侧并步。7～8拍向左侧绕环的同时，左脚向左侧横跨步成开立步。

④1～4拍两脚开立，体前弧形摆动。5～6拍体前逆时针反绕环的同时右脚活步，左脚向右脚内侧并步。7～8拍向右侧绕环的同时，右脚向右侧横跨步成开立步。

图4－3－33

第五节：平旋转体，4×8拍（见图4－3－34）。

图 4 - 3 - 34

动作要领：

① 1～4 拍成开立步，体前弧形摆动。5～6 拍左脚外摆，右脚向左侧 180° 处扣脚，完成上抱圆 360° 旋转。7～8 拍向左侧撤左脚，持拍臂做弧形摆动至身体左侧。

② 1～4 拍成开立步，体前弧形摆动。5～6 拍右脚外摆，左脚向右侧 180° 处扣脚，完成上抱圆 360° 旋转。7～8 拍向右侧撤右脚，持拍臂做弧形摆动至身体右侧。

③ 重复①动作。

④ 重复②动作。

第六节：立旋转体，4×8 拍（见图 4 - 3 - 35）。

图 4 - 3 - 35

动作要领：

① 1～4 拍成开立步，体前弧形摆动。5～8 拍脚步动作同第五节平旋转体①动作，持拍臂顺势向右做立圆至身体左侧，同时左脚向后 180°处撤步，成开立步，左臂随身体的旋转自然展开，保持身体的平衡。

② 1～4 拍成开立步，体前弧形摆动。5～8 拍脚步动作同第五节平旋转体②动作，持拍臂顺势向左做立圆至身体右侧，同时右脚向后 180°处撤步，成开立步，左臂随身体的旋转自然展开，保持身体的平衡。

③ 同①动作。

④ 同②动作。

第七节：并步绕环，2×8 拍（见图 4-3-36）。

动作要领：

① 1～4 拍脚下向左侧两次并步，同时持拍臂在身体左侧进行两次逆时针的绕环，手臂自然在身体左侧内合、打开两次。5～8 拍向右侧两次并步，同时持拍臂在身体右侧进行两次顺时针的绕环，手臂自然在身体右侧内合、打开两次。

② 重复①动作。

| ① 1 | 2 | 3 | 4 | 5 | 6 | 7 | 8 |

图 4-3-36

节：腿下抛接，4×8 拍（见图 4-3-37）。

| ① 4 | 5～6 | 7 | 8 |

| ② 4 | 5～6 | 7 | 8 |

图 4-3-37

动作要领：

① 1～4 拍体前左右弧形摆动，第 4 拍左脚向右脚并拢。5～6 拍向前踢左腿，同时由右向左弧形摆动，经左腿下将球沿所画弧线的切线方向抛至左前上方。7～8 拍左脚自然落回原位同时持拍臂主动迎球，将球由球拍左侧的边框应引入拍，顺势向右弧形摆动。

② 1～4 拍体前左右弧形摆动，第 4 拍右脚向左脚并拢。5～6 拍向前踢右腿，同时由右向左弧形摆动，经右腿下将球沿所画弧线的切线方向抛至左前上方。7～8 拍右脚自然落回原位同时持拍臂主动迎球，将球由球拍左边框应引入拍，顺势向右摆动。

③ 重复①动作。

④ 重复②动作。

第九节：摆动收势，2×8 拍＋4 拍。

动作要领：

① 1～8 拍两脚左右并步，同时持拍臂体前弧形摆动（见图 4 - 3 - 31 左右摆动）。

② 1～8 拍两脚开立，同时持拍臂体前左右摆动。第 9、10 拍持拍臂摆动至身体左侧时抛球。

第 11 拍左手接球。第 12 拍左脚向右脚并回，手臂缓缓落下。

教法提示：

（1）教师先进行完整的动作示范，使学生建立完整的动作表象。

（2）讲解与示范相结合。

（3）先进行无球的持拍练习，使学生规范动作；后进行有球练习。

要求：完成每套动作时，力从脚、腿而起，主宰于腰，要以腰带臂，动作连贯流畅；身体中正平舒，画出的圆要端正、圆满。

第三部分 训练篇

第五章　柔力球高级技术

第一节　柔力球技术基础

一、太极柔力球的内涵

1991 年，山西医科大学晋中学院白榕教授根据我国民族体育项目太极拳中先引后发、引进合出、借力打力这样一些拳理和拳技，创编了太极化的球类体育项目——太极柔力球。这项运动同时融合了现代体育项目中的竞技和规则方法，但与其他的持拍类体育项目完全不同，它是以太极拳柔和完整的弧形引化过程来完成的一种运动形式。它集健身、竞技、娱乐于一体，因此，自发明问世以来，得到了社会的普遍认可，并为广大群众喜闻乐见，纷纷参与。

二、参加柔力球练习之前应注意的几个要点

（一）意念集中

太极运动不仅在外形上是独特的，而且在心理上也有其特殊的要求，练太极首先要做到心静、体松，用意而不用拙力，要将内在的意识贯注于外部动作之中，形意兼备。正如练太极拳所要求的"神为主帅，身为驱使"、"意动身随"，只有静、意念集中才能发挥自身最大的潜能，调动身体各个肌肉、关节形成合力。在练习时要专心于锻炼，而不能三心二意。比如运动和劳动看起来都一样，但效果却孑然不同，就是因为意识和行动相背离所产生的结果，运动使人健康快乐，而劳动如果没有好的心理引导会使人疲劳、痛苦。所以我们在锻炼之初一定要营造健康快乐的氛围，用心去锻炼，这样才能得到良好的锻炼效果，否则我们身在神不在，不仅打不好球，而且有相反的作用。熟悉太极柔力球运动的人都知道，在打球时思想一开小差球马上会掉，这项运动本身就要求你必须专注在球上，是对你心理的一种考验。通过不断的锻炼使我们能体会到人球合一、天人合一的境界，这样才能真正达到锻炼身体、锤炼意志、内外双修的目的。

（二）柔软自然

在太极柔力球的初学阶段，万不可求快、好勇斗狠、追求力量、追求速度。人们在日常生活中必定拿过重物，用过气力，而在以往的体育项目中更多的是以力量和速度取胜，这似乎已在人们的心里形成了一种思维习惯，但要想学好太极柔力球，在前期一定要柔软，使你动作中的僵硬劲化作柔软劲，并养成这种柔软的习惯。这一时期要求尽力求柔，在不用力的原则下慢慢地做各种技术动作，这时不用力就容易使人发现动作中的缺点，并在慢柔中改正存在的问题，形成正确的动力定型。所以这个阶段的训练一定要注意动作的圆柔性和完整性，每一个动作和旋转都要完整连贯，一气呵成。

（三）圆灵舒展

太极柔力球运动实际上就是各种不同方向的圆周运动，出球质量的好坏，动作是否优美、漂亮，关键问题是圆画得怎样。而画好圆的关键是圆心和半径，只有圆心固定、半径固定，才能画出一个规矩完整的圆，也才能加快画圆的速度，有了速度也自然就有了力量。但是我们在平时的训练中往往忽视了这两个问题，舍本逐末，老想着在运动过程中突然压肘、抖腕，加速加力以获得好的进攻力量，但这样恰恰破坏了这个圆的完整，破坏了圆周运动整体的美观和协调，当然也破坏了整体力量的蓄积过程，使动作僵硬，并造成二次加力犯规。我们在训练中一定要克服过去脑海中的其他体育项目的惯性思维，不要急于求成，要耐心稳健地将每一个动作的圆心、半径找准并固定好，这样才能画出美观、大方又有速度和力量的圆。我们很多动作犯规，看起来不顺畅、不舒服、不自然，多半是圆心、半径不固定，在身体转动时力量不集中，最后出球时突然压肘抖腕造成的。

（四）沾连粘随

在球入拍以后，球之所以能在球拍上粘贴不动是因为球拍在身体的带动下进行圆周运动，球向外的离心力和球拍向内的向心力达到平衡。大家也知道旋转速度越快，球的离心力就越大，球拍对球的向心力也越大，它们两力越大，摩擦力也越大，球拍和球贴得就越紧，球就越不容易脱离球拍。而我们往往怕球掉，小心翼翼，不敢使力拉球，这样却越容易使球从拍中漏掉。所以，不管是在竞技比赛的出入球阶段，还是在各种套路演练中都要带球拉出力量，时刻从手上感觉到球向外走的离心力，这样你才能恰到好处地将球拍放于最佳的包球位置，使球拍和球贴得更紧，更不易出现失误掉球，这样才能形成力不断、圆不缺，球和拍沾连粘随，动作环环相扣、式势相连、绵绵不断的太极特色。

（五）中正协调

中正协调是指动作的平衡和身体的中正。太极柔力球的每一个技术动作都有一个相对的轴和中心，如果我们过刚过柔、过强过弱、过远过近、过高过低，用力过大过小都会造成旋转偏离主轴，失去平衡，就不能高质量地完成动作。这就需要我们在平时的训练中加强辅助训练，使每一个方向和不同步法及腾空都能有一个平稳的轴，这样我们才能高质量、精彩漂亮地完成每一个动作。所以在训练中找动作的中心和支撑点，找准动作的旋转轴是我们提高动作质量的关键。在打太极拳时要求立身中正，不偏不倚，并以立身中正为第一要义，而且身法端正，才能不受制于人。打太极柔力球也是如此，移动靠步伐滑动，但要保持身体中正，也就是保持了平衡，有了平衡就可以顺利地旋转，随意自如地变化动作，打出巧妙和有力度的球。因为太极柔力球的力是起于双腿，由腰脊主宰而发出上下一体的合力，要求周身协调，一动全身皆动，所以如果我们接球时不积极移动脚步，身体左歪右斜、前俯后仰就会使动作上下脱节，无法使全身的力量集中顺利完成太极柔力球特有的技术要求。如果对正确的身体动作形成了障碍，会在比赛场上变得很被动，所以我们在训练时一定要养成良好的习惯，加强步法的移动速度，切忌各种弯腰、探身的动作，使身体重心平稳，上体保持正直，使周身之力上下相随、连绵不断。

（六）用力完整

打太极柔力球时要注意用力方法和时机。太极柔力球运动看起来绵软柔和、不紧不慢，但它同样能打出势大力沉的进攻球，柔则微波不兴，刚则雷霆万钧，柔中有刚、刚中有柔、刚柔相济，这是太极类运动的攻略要诀。但由于初学者对太极柔力球的用力方法缺乏正确的认识，往往一发力就破坏了动作的连贯性出现技术违规，这是容易出现的问题。这就要求我们对如何发力有一个正确的概念，首先要明确的是太极柔力球以柔为主体，以柔化力、以柔克刚，它的力量是均匀连贯完整的浑圆之力，那种我们习惯中的间接式和停顿后再爆发的用力都是违反规则的。太极柔力球的力度和抛球方向是在入球的瞬间决定的，因为太极柔力球规则中规定"球在球拍中必须在一个弧形曲线中完成出球"，规则中还规定球的运动要完整连贯，不得出现间断和二次加力，这也说明不能让球在球拍运行过程中突然加力，而只能是一个完整连贯的匀加力或匀减力过程。所以力要使在抛球圆弧的开始部分，要想使出球速度快，就要加快身体的旋转速度，这就要求我们在入球以前做好充分准备，如根据来球方向使身体反旋，拧起劲力使身体的对抗肌尽量放松，主动肌最大限度地增加初长度，加大身体的弹性势能。当球入球拍后就可以获得好的旋转初速度，在具备了速度以后，做功距离越长就会产生越大的力量。而要想使做功距离加长，就要加大身体幅度，在固定圆心、保持身体平衡的前提下，最大限度地增长转动半径，这样就有效地增加了做功距离，也使整个动作舒展大方，美观自然，同时还使动作的变化空间和进攻角度大大扩展。在动作距离和速度具备以后，身体的做功效能增大，球也随之获得了强大的出球惯性。除了发掘我们自身的潜力外，还要学会借对方的来球之力，太极拳中叫借力打力，这也是太极柔力球的重要技术特点之一。通过圆的旋转化解对方来球之力，通过圆引导这个力与自身的力会合相加形成一个更大的力反击对方，这是太极柔力球也是其他太极运动用力发劲的精妙之处。动作看似柔缓但力量惊人，这些都是需要我们在训练中细心体会的，掌握好蓄力和发力的时机和方法，才能打出太极柔力球特有的韵律和风格。

三、柔力球的练习方法

柔力球的练习目前分为两种，一种是套路练习，另一种是竞技练习。其中套路练习是竞技练习的基础，柔力球的套路练习方法如下：

（1）在带球练习中，人对球拍和球的合理控制是打好柔力球套路的一个重要环节。通常的小球类都是以拍打球，而在柔力球套路中却是拍跟球，球粘拍，球拍与球之间保持接触，球拍与球的关系和太极推手演练中双方搭手后的感觉相同，球拍与球之间始终沾连粘随。通过身体的旋转和持拍手臂的连续划圆以及手的缠旋，使球在球拍中保持离心力和向心力的动态平衡，球只有不断地获得离心力，才能始终贴靠在球拍上，所以我们应在套路演练中保持圆形运动，运动不停就需要手不停、脚不停，小圈接大圆，大圆套小圆，圆圆相接、弧弧相连，每个动作像被一根连线穿接起来一样，连绵不断。

（2）为了使动作更加顺畅自然，手指要随时根据动作的需要旋转球拍，即保持球的原位基本不动，而使球围绕球转动，达到正转 360°、反转 360°，竖转、侧转都能随意地完成。脚下要随着上体的旋转，合理连续地进行前进、后退、内扣、外转来支撑旋转，保持身体的整体平衡和上下肢的协调美观。绕球转拍可以是原位转，也可以加大转动半径，进行水平、垂直、侧旋等不同的路线转动，使套路更加柔顺、自然、舒展、美观，最大限度地发挥手指的触觉灵敏优势，练出黏劲。

（3）在套路演练中手和脚要协调配合，手动脚动，脚动手也动，通过手脚的互动使整个身体顺畅自然。通过练习柔力球套路，能更快地提高控球技术，同时也能更深刻地领悟到太极运动的内涵。

四、套路技术

（一）柔力球专项辅助训练操

第一节：双臂绕环，2×8拍。

两脚开立，双臂体前抱圆，以肩关节为轴，1～4拍向前绕环，5～8拍向后绕环，共两个8拍。

第二节：抱圆蹬转，4×8拍（见图5-1-1）。

①、② 1～8 ③、④ 1～8

图 5-1-1

两脚开立，前两个8拍双臂向下围绕身体的纵轴抱圆，利用身体的整体合力，带动手臂围绕身体的纵轴转动，转动时上下用力协调、完整。后两个8拍双臂向上抱圆，两手心向着身体的纵轴，在左右脚的蹬转和腿、腰的整体带动下，使双臂围绕身体的纵轴转动，转动时重心要平稳，上体转动时要保持正直，不要偏离上体的纵轴。

第三节：水平旋转，4×8拍（见图5-1-2）。

① 3 4 7 8

图 5-1-2

两脚开立，双臂向上抱圆：

① 1～2拍身体左右转动，3～4拍以左脚为轴向左转体360°，成开立步。5～6拍身体左右转动，7～8拍以右脚为轴向右转体360°，成开立步。

②、③、④ 重复①。

第四节：侧位旋转，2×8拍（见图5-1-3）。

① 1　　　　2　　　　3　　　　4

5　　　　6　　　　7　　　　8

图 5-1-3

① 1～4 拍左脚向左后方上步，同时身体向左转体 90°，将球拍置于身体左侧下方 45°，身体带动手臂，使持拍臂向左后侧旋一周后，回到起点处。5～8 拍右脚向右后方上步，同时身体向右转体 90°，将球拍置于身体右侧下方 45°，身体带动手臂，使持拍臂向右后侧旋一周后，回到起点处。

② 重复①动作。切记在侧旋时，圆心和半径要固定，画出的圆要在一个平面上。

第五节：移动平旋，2×8 拍。

以原地水平旋转为基础，向左、向右各滑出两步后，再完成旋转。

第六节：移动侧旋，4×8 拍。

① 1～4 拍两脚向左后侧 45°滑出两步后，再完成左侧旋转动作。5～8 拍两脚向右后侧 45°滑出两步后，再完成右侧旋转动作。

注意重心要平稳，球拍旋转要到位，动作要连贯，拍框的外沿始终要对准旋转的方向。

第七节：带球平旋，4×8 拍。

持球，动作同第三节水平旋转。

第八节：带球侧旋，4×8 拍。

持球，动作同第四节侧位旋转。

第九节：八字绕环，2×8 拍。

这是在我们的体侧前完成一个八字形的环状运动，这个动作要求上下相随、连贯自然，用力要由腿到腰动，绕环要圆满。

（二）专项辅助练习动作

（1）正手自抛球练习。

左手将球抛向身体的左上方，右手持拍在体前向左侧上方伸拍迎球，在球入球拍后，由体前完成低入高抛的弧形引化，将球抛回左手，体会弧形引化"迎、引、抛"的全过程。

（2）反手自抛球练习。

右手反握球拍，左手将球抛向身体的右上方，右手持拍向右上方伸拍迎球，在球入球拍后，经体前由右向左弧形引化，在球拍运行到身体的左前上方时，将球顺势向左上方抛出。通过这个练习，加强反手侧的接抛球技术。

（3）正反迎引抛练习。

正握拍带球由身体的右侧，经体前下方向左侧上方划弧并将球抛出，球出球拍后，迅速碾转手中的球拍成反握拍，然后迎球入拍向下、向右，再向上将球向右上方抛出，手中的球拍再转为正握拍迎球。通过这样的练习，使运动者掌握正反握拍的方法和换握的时机。

（4）左右绕翻。

左右绕翻是指在身体的右侧和左侧完成的绕翻。它由侧前三步移动接一个横跨步组成。向后三步移动接一个横跨步组成。一定要注意它的移动要轻起轻落，点起点落，重心要平稳，脚下要扎实、稳步。移动要跟进脚，随时向前迈出。

（5）头上平绕。

头上平绕是指在头上完成一个水平方向的环绕。要注意利用腰带动身体画出一个圆，动作要完整。

（6）正反绕翻。

正反绕翻是在我们体前完成一个顺时针和逆时针的环绕，这和我们熟悉的太极拳的云手非常相似，但要注意两个云手要连贯完整，协调自然，画出的圆要饱满圆润。

（7）平侧旋转。

平侧旋转是利用我们身体的中轴和矢状轴完成水平方向和侧向的旋转运动，这个运动要注意控制你的旋转轴，身体要下沉，动作要平稳。

（8）正反抛翻。

正反抛翻是指在我们的体前完成顺时针方向的抛接和逆时针方向的抛接，抛接后有一个体前的绕环。抛接要求连贯完整，在环中绕、绕中翻，动作要自然流畅。

（9）身后抛接。

身后抛接是指在身后完成抛接动作。整个动作要完整连贯、上下相随、一气呵成，注意一定不要有手腕和肘的发力动作。需前两个人转体 90°来完成身后接动作，后两个人转体 180°来完成抛接动作。

（10）弓步绕翻。

弓步绕翻是在我们的体前侧完成的正绕翻和反绕翻动作。做这个动作要注意向下用力，上下相随、连绵不断，用力要完整有力。

（11）左右摆翻。

对于新手学员来说，这个动作略有难度，但经过练习也可很好掌握。左右摆翻的练习方法如下：

第一步：手指灵活性练习。

右手正手握拍，左手虎口张开，把球拍放于左手虎口，右手做碾拍动作。在做的时候以大拇指和食指为主，其他手指协助完成碾拍动作。刚开始做时，正转 360°、反转 360°，直到手指可以协调匀速地转动球拍。接下来加大难度：右手持拍，拍头向下做碾拍动作，直到手指可以协调匀速地转动球拍。

第二步：左右摆动身体节奏练习。

右手正手握拍，做左右摆动练习。要求：前程发力，弧底饱满，身体先沉后移，节奏明显。

第三步：空拍练习完整动作。

利用左右摆动结合第一步练习完成整体动作。要求：做左右摆动动作的结尾时，顺势翻拍360°，要求拍头朝前，翻拍顺畅，连续不断做左右摆翻动作练习。

第四步：带球完整动作练习。

结合前面三步，完整连贯练习左右摆翻动作。要求：动作完成顺畅，节奏明显，动作收展大气。

第五步：强化练习。

试着闭上双眼，凭借感觉和节奏做这个动作。

（三）柔力球规定套路：飞龙一套动作

1. 动作名称

（1）起势绕环：2×8拍；

（2）跨步绕环：4×8拍；

（3）左右绕环：4×8拍；

（4）四方绕环：4×8拍；

（5）绕环抛接：8×8拍；

（6）水平绕环：8×8拍；

（7）侧旋绕环：8×8拍；

（8）腋下身后：4×8拍；

（9）绕环组合：8×8拍；

（10）绕环收势：2×8拍。

2. 动作要领及要求

第一节：起势绕环，2×8拍（见图5-1-4）。

　　　起势①　　　　　　1~8　　　　　　　②1~8

图5-1-4

动作要领：左手持球经体侧画圆，将球抛掷右前上方，右手持拍接球同时左脚向左开立，球入球拍后，做体前左右横向的八字绕环。

　　① 1～8 拍做小的八字绕环；

　　② 1～8 拍做大的八字绕环。

　　动作要求：在做八字绕环时，注意力从脚、腿而起，主宰于腰，要以腰带臂，连贯流畅。

　　第二节：跨步绕环，4×8 拍（见图 5－1－5）。

　　　　　　① 1～2　　　　　　　　　　　　　　　3～4

　　　　　　③ 1～2　　　　　　　　　　　　　　　3～4

图 5－1－5

动作要领：

　　① 1～2 拍向左八字绕环时，左臂内合。同时左脚向左前跨步，右脚跟进。3～4 拍向右八字绕环时，左臂打开，同时右脚向右前跨步，左脚跟进。5～6 同 1～2 拍，7～8 同 3～4 拍。

　　② 同①动作。

　　整节动作完全相同，只是①、②向前跨步，③、④向后跨步。

　　动作要求：在完成跨步绕环时，跨步前后的步幅不要过大，以免造成身体上下的不协调，同时也要注意，八字绕环时以腰带臂，上下相随。

　　第三节：左右绕环，4×8 拍（见图 5－1－6）。

　　动作要领：

　　① 1～4 拍两脚开立，八字绕环。5～6 拍体前顺时针正绕环的同时右脚向左脚后插步。7～8 拍向左侧绕环的同时左脚向左横跨步，成开立步。

　　② 1～4 拍两脚开立，八字绕环。5～6 拍体前逆时针反绕环的同时左脚向右脚后插步。7～8 拍向右侧绕环的同时右脚向右横跨步，成开立步。

③、④ 重复①、②动作。

① 5　　　　　　6　　　　　　7　　　　　　8

② 5　　　　　　6　　　　　　7　　　　　　8

图 5 - 1 - 6

动作要求：在完成动作时，同样要以腰为核心，两臂开合自然舒展，画出的圆要端正、圆满。

第四节：四方绕环，4×8 拍(见图 5 - 1 - 7)。

① 1~2　　　　3~4　　　　　5　　　　　　6

7　　　　　　　　　8

图 5 - 1 - 7

动作要领：

① 1～2拍体前逆时针反绕环。3～4拍在身体右侧顺时针正绕环。5～6拍在身体左侧逆时针反绕环，反绕环后调整拍形为拍尖向下。7～8拍以右脚为轴，向右做下抱圆转体360°。

②、③、④ 同①动作。

动作要求：在完成整节动作时，要以腰带臂，画圆到位，连贯自然，每一个8拍结束都应当注意不能出现停顿，要以向后的小圆迅速去接下一个8拍的动作。

第五节：绕环抛接，8×8拍(见图5-1-8)。

图5-1-8

动作要领：

① 1～4拍两脚开立，八字绕环。5～6拍向左转体，两臂打开，向左做立圆同时右脚向左侧180°处上步扣脚。7～8拍两臂继续完成立圆后，持拍臂在左侧位将球抛出，同时左脚向后180°处撤步，成开立步。

② 1～4拍八字绕环。5～6拍向右转体，两臂打开，做立圆同时左脚向右侧180°处上步扣脚。7～8拍两臂继续完成立圆后，持拍臂在右侧位将球抛出，同时右脚向后180°处撤步，成开立步。

③、④ 重复①、②动作。

⑤ 1～4拍两脚开立，八字绕环。5～6拍持拍臂体前顺时针正绕翻的同时，非持拍臂一起做逆时针绕环，右脚向左脚后交叉上步。7～8拍完成绕翻至左侧位将球抛出，同时左脚向左侧横跨步，成开立步。

⑥ 1～4拍两脚开立，八字绕环。5～6拍持拍臂体前逆时针反绕翻的同时，非持拍臂一起做顺时针绕环，左脚向右脚后交叉上步。7～8拍完成绕翻至右侧位将球抛出，同时右脚右侧横跨步，成开立步。

⑦、⑧ 重复⑤、⑥动作。

动作要求：在完成这节动作时，要画圆饱满，前程用力，脚步稳健，球沿拍框而出。

第六节：水平绕环，8×8拍（见图5－1－9）。

图5－1－9

动作要领：

① 1～4拍两脚开立，八字绕环。5～6拍向左转体，两臂打开，向上成上抱圆同时右脚向左侧180°处上步扣脚。7～8拍继续上抱圆完成水平旋转，同时左脚向后180°处撤步，脚尖点地，成开立步。

② 1～4拍八字绕环。5～6拍向右转体，两臂打开，向上成上抱圆同时左脚向右侧

180°处上步扣脚。7～8拍继续上抱圆完成水平旋转，同时右脚向后180°处撤步，脚尖点地，成开立步。

③、④ 重复①、②动作（见图4-3-15飞龙二套中水平旋转）。

⑤ 1～4拍两脚开立，八字绕环。5～6拍调整拍形，拍尖向下，成下抱圆左转，同时右脚向左侧180°处上步扣脚。7～8拍继续完成下抱圆水平旋转，同时左脚向后180°处撤步，脚尖点地，成开立步。

⑥ 1～4拍两脚开立，八字绕环。5～6拍调整拍形，拍尖向下，成下抱圆右转，同时左脚向右侧180°处上步扣脚。7～8拍继续完成下抱圆水平旋转，同时右脚向后180°处撤步，脚尖点地，成开立步。

⑦、⑧ 重复⑤、⑥动作。

动作要求：在完成水平绕环时，步伐应当连贯准确、上下一体、连贯自然。第8拍的落步要早，为持拍臂的连续画圆赢得时间和空间。

第七节：侧旋绕环，8×8拍（见图5-1-10）。

图 5-1-10

动作要领：

① 1～2拍在身体左侧做顺时针绕环，同时左脚向前上步。3～4拍在身体右侧做逆时针绕环，同时右脚向前上步。5～8拍左右两脚原地交替四步，完成360°转体，同时向左转体两臂打开做侧旋。

② 同①动作，但方向相反。

③、④ 同①、②上体动作，步伐改为后侧步。

⑤、⑥、⑦、⑧ 与前四个8拍动作完全相同，只是将四步转体改为单脚支撑的360°转体。

　　动作要求：侧旋绕环是竞技侧旋进攻的基本动作，在侧旋时要注意以腰为转动中心，旋转要在一个平面上完成，前程发力，用力完整。

　　第八节：腋下身后，4×8拍（见图5-1-11）。

① 5　　　　　　6　　　　　　　　7　　　　　　8

② 3　　　　　　4　　　　　5~6　　　　　7　　　　　　8

图5-1-11

　　动作要领：

　　① 1~4拍两脚开立，八字绕环。5~6拍向左转体，两臂打开成上抱圆，同时右脚向左侧180°处上步扣脚。7~8拍继续上抱圆完成水平旋转，持拍臂经腋下身后，将球抛至体前的右前上方，同时左脚向后180°处撤步，成开立步。

　　② 1~2拍右侧接球，做向左侧绕环。3~4拍调整拍形，拍尖向下成下抱圆，同时左脚向右侧180°处上步扣脚。5~6拍继续下抱圆完成水平旋转，将球经身后抛至左前上方，同时右脚向后180°处撤步，成开立步。7~8拍由左接球向右绕环。

　　③、④ 同①、②动作。

　　动作要求：腋下身后是竞技技术的常用动作，关键要注意用力的完整连贯，不能在最后的出球阶段，用手腕和肘部发力造成动作违例。而要在身体旋转的过程中，利用腿、腰旋转的力量，将球送出球拍。

　　第九节：绕环组合，8×8拍（见图5-1-12）。

　　动作要领：

　　① 1~2拍体前绕小一点的反绕环，同时左脚上步做前点步。3~4拍右侧位做大一点的正绕环，同时左脚后撤，做后点步。5~7拍同1~3拍动作，只是在第8拍时右脚后撤点步。

　　② 1~2拍在身体左侧做大的反绕环，同时右脚上步做前点步。3~4拍在体前做小的正绕环，同时右脚后撤步，做后点步。5~7拍同1~3拍动作，在第8拍时左脚后撤点步。

　　③ 右脚向前上步，完成向前的左右转体交叉步，持拍臂在体侧配合步伐做八字绕环。

　　④ 右脚向后交叉上步，完成向后的左右转体交叉步，持拍臂在体侧配合步伐做八字

绕环。

⑤、⑥、⑦、⑧ 重复前四个 8 拍的动作。

①　1~2　　　　3~4　　　　②　1~2　　　　3~4

③1~8　　　　　　　　　　　④1~8

图 5 - 1 - 12

动作要求：这节主要是对身法和步伐的综合练习。要求上下相随、连贯自然、步伐准确到位，身法中正、平舒，进退自如。

第十节：绕环收势，2×8 拍(见图 5 - 1 - 13)。

图 5 - 1 - 13

动作要领：

① 做幅度较大的八字绕环。

② 做幅度较小的八字绕环，结束后将球抛至左前上方，左手接球的同时，左脚向右脚收回，两臂缓缓落下。

教法提示：

(1) 教师先进行完整的动作示范，使学生建立完整的动作表象。

(2) 讲解与示范相结合。

（3）先进行无球的持拍练习，使学生规范动作。

（4）后进行有球练习。

要求：完成每套动作时，力从脚、腿而起，主宰于腰，要以腰带臂，动作连贯流畅；要求上下相随，连贯自然，步伐准确到位，身法中正、平舒，进退自如。

（四）柔力球规定套路：飞龙三套动作

1. 动作名称

（1）左右绕环：2×8拍；

（2）垫步转体：2×8拍；

（3）绕环左转：2×8拍；

（4）绕环右转：2×8拍；

（5）双圆绕环：2×8拍；

（6）盘旋背抛：2×8拍；

（7）侧旋抛球：2×8拍；

（8）交叉转体：1×8拍。

2. 动作要领及要求

第一节：左右绕环，2×8拍（见图5-1-14）。

①　　1～2　　　　3～4　　5～6　　　　7～8　　　②　　1～8

图 5-1-14

动作要领：

① 1～2拍左手持球由左侧经头前上方将球抛至右前上方，持拍臂向上迎球，将球引入球拍，顺势向左绕环同时左脚向左横跨一步。3～4拍由左向右绕环。5～8拍在体前八字绕环，动作在原地完成，左臂配合持拍臂交叉摆动。

② 1～8拍上肢动作继续八字绕环，下肢配合上肢动作左右并步。

动作要求：动作重心平稳、立身中正、以腰带臂、左右对称、圆润自然。

第二节：垫步转体，2×8拍（见图5-1-15）。

动作要领：

① 1～4拍体前八字绕环，以右脚为中心，前后垫步。5拍左脚向前跨步，6拍右脚向前内扣，跨步转体90°。7拍左脚向后撤步，左转90°。8拍右脚向后垫步，手臂挥拍在身体两侧八字绕环，左臂始终配合右臂交叉摆动。

② 1～8拍上肢同①1～8拍动作，下肢左脚换为右脚，向左转改为向右转，动作完成

后回到起始站位。

动作要求：节奏准确、转体到位、左右两臂交叉摆动、上下协调一体。

① 1～2　　　3～4　　　5　　　6

7　　　8　　　② 1～2　　　3～4

5　　　6　　　7　　　8

图 5 - 1 - 15

第三节：绕环左转，2×8 拍（见图 5 - 1 - 16）。

① 5　　　6　　　7～8　　　② 5　　　6　　　7～8

图 5 - 1 - 16

动作要领：

① 1～4 拍体前八字绕环。5～6 拍以左脚为中心向左转体 180°，同时右手挥拍向后绕

环至身体左侧。7～8 拍绕环至身体右侧。

② 重复①的动作，使身体转向正面，左手同样是与右手交叉挥摆。

动作要求：动作舒展、上下相随、蹬转有力。

第四节：绕环右转，2×8 拍(见图 5-1-17)。

图 5-1-17

动作要领：

① 1～2 拍挥拍向左绕环。3～4 拍以右脚为中心向右转体 180°，持拍臂顺势向右后绕环至身体右侧。5～6 拍向左绕环。7～8 拍向右绕环。

② 重复①的动作，使身体转向正面。

动作要求：动作到位、连贯流畅。

第五节：双圆绕环，2×8 拍(见图 5-1-18)。

图 5-1-18

动作要领：

① 1～4 拍以腰带臂做逆时针方向小的正面绕环，再接一个大的正面绕环，左臂配合

右臂交叉画圆，同时两脚向左做两次并步。5～8 拍以腰带臂做顺时针方向小的正面绕环，再接一个大的正面绕环，左臂配合右臂交叉画圆，同时两脚向右做两次并步。

② 同①的动作。

动作要求：协调自然，以小圆带大圆，层层递进、环环相扣。

第六节：盘旋背抛，2×8 拍（见图 5－1－19）。

图 5－1－19

动作要领：

① 1～4 拍开立步，体前左右八字绕环，左臂配合持拍臂交叉摆动。5～6 拍左脚外摆，右脚向左侧扣脚、上步，持拍臂向左平旋，转过 180°后，在身体右侧做一个逆时针的小绕环。7～8 拍左脚向左横跨步转体 180°，同时持拍臂在体前做一个顺时针的大绕环。

② 1～2 拍两脚开立，持拍向左侧绕环。3 拍右脚外摆。4 拍左脚向右侧扣步转体 180°，同时拍尖向下，随身体向右侧旋转。5～6 拍右脚向右撤步转体 180°，同时持拍臂在身体旋转的带动下，在身后向左侧上方抛球。7～8 拍伸拍向左侧上方接球并绕环至身体右侧。

动作要求：圆和饱满、连贯一体、身法中正、步伐清晰，抛球技术规范。

第七节：侧旋抛球，2×8 拍（见图 5－1－20）。

图 5 - 1 - 20

动作要领：

① 1～4 拍体前八字绕环。5～8 拍左脚外摆，右脚向左扣步转身，左脚顺势向左跨步，持拍臂接转体向左做一个顺时针的大立圆，转至身体左侧时，将球向身体左侧上方抛出。

② 1～4 拍持拍臂在左侧上方接球后，在体前左右八字绕环。5～8 拍右脚外摆，左脚向右扣步转身，右脚顺势向右跨步，持拍臂接转体之力向右做一个顺时针的大立圆，转至身体右侧时，将球向身体右侧上方抛出。

动作要求：轻盈沉稳、刚柔相济、全身合力，抛球准确。

第八节：交叉转体，1×8 拍(见图 5 - 1 - 21)。

图 5 - 1 - 21

动作要领：

1～6 拍是在第七节第二个 8 拍将球抛至右侧上方时，持拍臂向右上接球入拍的同时，右脚向左脚前交叉上步，再向左脚后交叉上步，做连续三个交叉步。7 拍右脚右后撤步，右转 90°。8 拍左脚向右，置于右脚内侧。

最后收势，第7拍两脚开立，8拍抛球。

收势后第1拍接球，第2拍并步且手臂缓缓落下。

教法提示：

(1) 教师先进行完整的动作示范，使学生建立完整的动作表象。

(2) 讲解与示范相结合。

(3) 先进行无球的持拍练习，使学生规范动作。

(4) 后进行有球练习。

要求：完成每套动作时，力从脚、腿而起，主宰于腰，要以腰带臂，动作连贯流畅；上下相随，连贯自然，步伐准确到位，身法中正、平舒，进退自如。

（五）第二套柔力球规定套路：《中国范儿》动作

1. 动作名称

(1) 八字绕环：8×8拍；

(2) 绕翻绕环：8×8拍；

(3) 旋转绕翻：8×8拍；

(4) 转体抛接：8×8拍；

(5) 摆绕转翻：8×8拍；

(6) 四方绕翻：8×8拍；

(7) 背翻转体：4×8拍；

(8) 螺旋绕转：8×8拍；

(9) 盘绕收势：5×8拍。

2. 动作要领

第一节：八字绕环，8×8拍。

① 下肢动作：1～2拍向左前45°上左脚跟右脚。3～4拍开右脚收左脚同时左转45°。5～6拍向左后45°上左脚跟右脚。7～8拍向右侧上右脚同时右转225°收左脚。

上肢动作：八字绕环（分合手）如图5-1-23所示。

② 下肢动作：1～2拍上左脚；3～4拍上右脚；5～6拍上左脚；7～8拍上右脚同时左转90°。脚步路线如图5-1-22所示的直线部分。

上肢动作：1～4拍八字绕环（分合手）；5～6拍画立圆至身体左侧；7～8拍顺势绕至身体右侧，如图5-1-24、5-1-25所示。

图5-1-22　　　　　图5-1-23　　　　　图5-1-24　　　　　图5-1-25

第一、二个8拍脚步路线如图5-1-22所示。

③、④、⑤、⑥、⑦、⑧同①、②动作。

注意事项：

（1）第一个8拍脚步路线为菱形，第二个8拍脚步路线为直线，每两个8拍为一组，共完成四组不同方位的动作。

（2）菱形路线清晰，转体角度准确。

第二节：绕翻绕环，8×8拍。

① 下肢动作：1～2拍向左并步，3～4拍向右前45°并步，5～8拍向左并步两次。

上肢动作：1～4拍顺时针头上平绕，5～8拍体前顺时针绕翻（双晃手），如图5-1-30,5-1-31所示，脚步路线如图5-1-26所示。

② 下肢动作：1～2拍右转45°右并步，3～4拍左前45°并步，5～8拍右并步两次。

上肢动作：1～4拍逆时针头上平绕，5～8拍体前逆时针绕翻（双晃手）。脚步路线如图5-1-27所示。

③、④ 同①、②动作。

⑤ 下肢动作：1～2拍左转45°向左并步，3～4拍右后45°并步，5～8拍向左并步两次。

上肢动作：1～4拍反八字绕环接逆时针摆翻，5～8拍体前顺时针绕翻（双晃手）。如图5-1-32、5-1-33所示，脚步路线如图5-1-28所示。

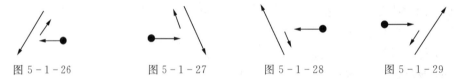

图5-1-26　　　　　图5-1-27　　　　　图5-1-28　　　　　图5-1-29

⑥ 下肢动作：1～2拍左转45°右并步。3～4拍左后45°并步，5～8拍向右并步两次。

上肢动作：1～4拍反八字绕环接顺时针摆翻，5～8拍体前逆时针绕翻（双晃手），脚步路线如图5-1-29所示。

图5-1-30　　　　　图5-1-31　　　　　图5-1-32　　　　　图5-1-33

⑦、⑧同⑤、⑥动作。

注意事项：

（1）角度转化准确，步距划一。

（2）摆翻的位置不宜过高。

第三节：旋转绕翻，8×8拍。

① 1～4拍八字绕环（双晃手），5～8拍向左平转360°，其中，第7拍在身体右侧做顺

时针小的绕翻，如图 5-1-34 所示。

② 1～4 拍八字绕环（双晃手），5～8 拍向右平转 360°，其中，第 7 拍在身体左侧做逆时针小的绕翻。

③ 1～2 拍体前顺时针绕翻的同时右摆腿，3～4 拍右脚盖步立旋 360°，5～6 拍开左脚、上右脚向左立圆转体 180°，7～8 拍撤左脚立圆转体 180°的同时在头上方做顺时针小的绕翻后至左侧位，如图 5-1-35 所示。

④ 1～2 拍体前逆时针绕翻的同时左摆腿，3～4 拍左脚盖步立旋 360°，5～6 拍开右脚、上左脚向右立圆转体 180°，7～8 拍撤右脚立圆转体 180°的同时在头上方做逆时针小的绕翻后至右侧位，如图 5-1-36 所示。

⑤、⑥ 同①、②动作。

⑦、⑧ 同③、④动作。

图 5-1-34　　　　　　　图 5-1-35　　　　　　　图 5-1-36

注意事项：

(1) 小的绕翻平面与旋转平面要保持在一个平面内。

(2) 立圆小绕翻后要转腰平拉至身体左侧上方。

第四节：转体抛接，8×8 拍。

① 1～2 拍向左转体 90°并步抛球（双晃手），3～4 拍拍子另一面接球后撤步立圆转体 270°成开立步，5～8 拍在体前做逆时针抛接球（双晃手），如图 5-1-37、5-1-38 所示。

② 1～2 拍向左绕环，3～4 拍向右转体 90°并步抛球（双晃手），5～6 拍另一面接球后向后撤步立圆转体 270°成开立步，7～8 拍在体前做顺时针抛球（双晃手）。

③ 1～2 拍接球后向左立圆转体 180°，3～4 拍做逆时针抛球（双晃手），5～8 拍撤左脚转体 180°接球，在体前完成顺时针抛接球（双晃手），如图 5-1-39～5-1-41 所示。

图 5-1-37　　　图 5-1-38　　　图 5-1-39　　　图 5-1-40　　　图 5-1-41

④ 1～2 拍向右立圆转体 180°，3～4 拍做顺时针抛球（双晃手），5～8 拍撤右脚转体 180°接球，在体前完成逆时针抛接球（双晃手）。

⑤、⑥、⑦、⑧ 同①、②、③、④动作。

注意事项：

（1）抛、接球的节奏要相谐。

（2）动作用力完整连贯，抛球时不挑、不煽、不撩。

第五节：摆绕转翻，8×8 拍。

① 下肢动作：1～2 拍左脚活步，3～4 拍右脚上步扣脚同时左转 180°，5～6 拍左脚后撤同时左转 180°成开立步。

上肢动作：1～2 拍左摆翻，3～4 拍逆时针绕翻，5～8 拍在体前做顺时针绕翻（分合手），如图 5－1－42～5－1－44 所示。

② 下肢动作：1～2 拍右脚活步，3～4 拍左脚上步扣脚同时右转 180°，5～6 拍右脚后撤同时右转 180°成开立步。

上肢动作：1～2 拍右摆翻，3～4 拍顺时针绕翻，5～8 拍在体前做逆时针绕翻（分合手）。

③、④ 同①、②动作。

⑤ 下肢动作：3～4 拍摆左腿，5～6 拍向右盖步摆右腿，7～8 拍向左盖步。

上肢动作：1～4 拍体前八字绕环，5～6 拍体前顺时针绕翻（分合手），7～8 拍在右前上方做顺时针头上平绕，如图 5－1－45～5－1－47 所示。

⑥ 下肢动作：1～2 拍左脚向左上步，3～4 拍右脚上步扣脚同时左转 180°，5～6 拍左脚后撤同时左转 180°成开立步。

上肢动作：1～2 拍上抱圆，3～4 拍做逆时针盘绕，5～8 拍做顺时针头上平绕（分合手），如图 5－1－48 所示。

⑦、⑧ 同⑤、⑥动作，但方向相反。

图 5－1－42　　　　图 5－1－43　　　　图 5－1－44　　　　图 5－1－45

图 5－1－46　　　　　　图 5－1－47　　　　　　图 5－1－48

注意事项：

（1）摆翻不宜过高。

（2）摆翻和绕翻在一个平面中完成。

第六节：四方绕翻，8×8拍。

① 下肢动作，1～2拍向左前45°方向上左脚，3～4拍上右脚，5～6拍上左脚跟右脚，7～8拍向后撤左脚收右脚，同时左转45°。

上肢动作：1～2拍在左侧做顺时针摆翻，3～4在身体右侧做逆时针绕翻，5～6拍在左前上方做逆时针小的绕翻，7～8拍做逆时针绕环至左侧位（分合手），如图5－1－49、5－1－50所示。

② 下肢动作：1～2拍向右后45°方向上右脚，3～4拍上左脚，5～6拍上右脚跟左脚，7～8拍向后撤右脚收左脚，同时右转135°。

上肢动作：1～2拍在右侧做逆时针摆翻，3～4拍在身体左侧做顺时针绕翻，5～6拍在右前上方做顺时针小的绕翻，7～8拍经体前摆动至右侧位（双晃手），如图5－1－51～5－1－53所示。

③、④ 同①、②动作。

⑤、⑥、⑦、⑧ 同①、②、③、④动作，脚步路线如图5－1－54所示。

图5－1－49　　图5－1－50　　　图5－1－51　　　图5－1－52　　图5－1－53　图5－1－54

注意事项：

（1）摆翻、绕翻、小的绕翻在一个平面中完成。

（2）撤步转体时重心腿用力蹬起。

第七节：背翻转体，4×8拍。

① 下肢动作：1～2拍向左迈左脚左转90°，3～4拍并右脚，5～6拍踢左腿，7～8拍落脚右转270°。

上肢动作：1～4拍头上平绕（分合手），5～8拍背后顺时针摆翻接下抱圆，如图5－1－55～5－1－57所示。

② 下肢动作：1～2拍向右迈右脚，3～4拍左脚上步，5～8拍右脚上步扣脚同时左转180°，左脚后撤同时左转180°成开立步。

上肢动作：1～2拍下抱圆，3～4拍逆时针绕翻，5～8拍向左立圆绕翻至身体左前上方，如图5－1－58、5－1－59所示。

③ 下肢动作：1～2拍右转90°，3～4拍并左脚，5～6拍踢右腿，7～8拍落脚左转270°

成盘步。

上肢动作：1～2拍摆动至身体右侧位，3～4拍头上平绕（分合手），5～8拍背后顺时针摆翻接下抱圆。

④ 下肢动作：1～2拍向左迈左脚，3～4拍右脚上步扣脚同时左转180°，5～8拍左脚上步扣脚同时右转180°，撤右脚右转180°成开立步。

上肢动作：1～2拍下抱圆，3～4拍顺时针绕翻，5～8拍向右立圆绕翻至身体右前上方。

图5-1-55　　图5-1-56　　　图5-1-57　　　　图5-1-58　　　　图5-1-59

注意事项：

（1）背翻后手臂外展与下抱圆衔接的弧线要流畅。

（2）在立圆转体动作中要完成两次绕翻。

第八节：螺旋绕转，8×8拍。

① 下肢动作：1～2拍左并步，3～4拍右并步同时右转90°，5～6拍右转90°左并步，7～8拍右并步同时右转90°。

上肢动作：1～2拍在身体左侧顺时针绕环，3～4拍上抱圆，5～6拍反螺旋盘绕，7～8拍上抱圆，如图5-1-60、5-1-61所示。

② 下肢动作：1～2拍上左脚左转90°提膝，3～4拍落右脚提左膝，5～6拍落左脚成左弓步，7～8拍收左腿。

上肢动作：1～2拍盘旋，3～4拍体前顺时针绕环（分合手），5～8拍螺旋盘绕（双晃手）。

③、④ 同①、②动作。

⑤ 下肢动作：1～2拍左前45°上左脚并右脚，3～4拍向右后45°撤右脚，5～6拍左脚后插步，7～8拍撤右脚右转270°跟左脚。

上肢动作：1～2拍在身体左侧逆时针绕翻，3～6拍做逆时针绕环插拍（穿手），7～8拍绕翻至身体右前上方。

⑥ 下肢动作：1～2拍左脚向左后45°方向扣脚，3～4拍撤右脚，5～6拍左脚后插步，7～8拍撤右脚转体135°并步。

上肢动作：1～2拍顺时针绕翻，3～6拍做逆时针绕环插拍（穿手），7～8拍绕翻至身体右前上方。

⑦、⑧ 同⑤、⑥动作，如图5-1-62～5-1-65所示。

第⑤、⑥、⑦、⑧动作的每个8拍脚步路线如图5-1-66所示。

　　图 5－1－60　图 5－1－61　　图 5－1－62　　图 5－1－63　　图 5－1－64　图 5－1－65　图 5－1－66

注意事项：

（1）反螺旋盘绕的小绕环要完整地在身体右侧齐肩高度完成。

（2）绕翻转体的角度要清晰。

第九节：盘绕收势，5×8拍。

① 下肢动作：1～2拍左并步，3～6拍向右跳转360°并左脚，7～8拍向左并步。

上肢动作：1～2拍向左逆时针绕环，3～4拍下抱圆盘绕，5～8拍逆时针头上平绕至左侧上方（双晃手），如图5－1－67、5－1－68所示。

② 下肢动作：1～2拍向右并步，3～6拍向左跳转360°并右脚，7～8拍向右并步。

上肢动作：1～2拍盘绕至身体右侧位，3～4拍下抱圆接螺旋盘绕，5～8拍体前顺时针绕环（双晃手），如图5－1－69、5－1－70所示。

③、④ 同①、②动作。

⑤ 1～4拍原地八字绕环（双晃手），5～8拍抛球收势，如图5－1－71、5－1－72所示。

　　图 5－1－67　　图 5－1－68　　图 5－1－69　　　图 5－1－70　　　图 5－1－71　　图 5－1－72

注意事项：收势抛球时要沿所画圆弧的切线方向抛出。

五、身体素质的训练方法

　　身体健康性素质主要包括力量、耐力、速度、灵敏、柔韧五个方面。根据柔力球运动项目的特点，身体素质的训练方法包括四个方面。

（一）力量素质的训练

　　力量是指身体或身体某部分肌肉工作时克服阻力的能力。力量素质是耐力、速度、灵敏素质的基础。

（1）负重深蹲，15 × 3组；

（2）负重半蹲，15 × 3组；

（3）俯卧撑，15 × 3组；

（4）仰卧起坐，15 × 3组。

（二）速度素质的训练

速度素质是指人体进行快速运动的能力。从表现形式上速度素质可分为反应速度、动作速度和周期运动中的位移速度三种类型。

（1）快速摆臂，15 秒×3 组；

（2）小步跑，15 秒×3 组；

（3）高抬腿，15 秒×3 组；

（4）小步跑变加速跑，30 米×3 组；

（5）高抬腿变加速跑，30 米×3 组；

（6）背向跳跃转身跑，30 米×3 组。

（三）灵敏、柔韧素质的训练

灵敏素质是指体育运动中人体迅速改变体位、转换动作和随机应变的能力。

柔韧素质是指人的关节的活动幅度，肌肉和韧带的伸展性和弹性。

发展灵敏和柔韧性素质，可采用动力性伸展练习和静力性伸展练习的方法，锻炼者可把静力性练习和动力性练习结合起来，把主动练习和被动练习（别人帮助下）结合起来，以收到更好的锻炼效果。

（1）压腿、压肩；

（2）腰部柔韧练习；

（3）交叉步、协调性练习 3 组；

（4）正踢腿 2 组；

（5）侧踢腿 2 组；

（6）外摆、里合摆腿 2 组；

（7）柔力球单个难度动作的练习。

（四）耐力素质的训练

耐力是指人体长时间进行肌肉活动的能力，也是指人体对抗疲劳的能力。它是人体各器官系统机能和心理素质的综合表现，也是人体机能水平、体质强弱的重要标志。从生理学角度讲，发展耐力素质主要是发展有氧耐力和无氧耐力，柔力球运动主要以有氧运动为主。

发展有氧耐力锻炼，应采用长跑、长距离游泳和自行车等运动项目，通过锻炼主要是提高心肺功能水平。有氧耐力锻炼的负荷强度大约为 75%～85%，心率一般控制在 140～170 次/分之间，锻炼时间最少 5 分钟，一般多在 15 分钟以上，这主要视锻炼者的体质水平而定。

有氧耐力是无氧耐力的基础。无氧耐力锻炼可采取短时间、最大用力和短暂休息的重复运动的方法进行。研究表明，短时间剧烈运动对提高无氧能力效果差，持续做剧烈运动大约 1 分钟时长的效果较好，如快速的间歇跑、重复跑、400 米跑、对抗性球类比赛等，均能提高人体的无氧耐力。

第二节　柔力球竞技技术

一、太极柔力球竞技技术的特点

太极柔力球运动的竞技技术特点是：从入球到出球是由迎、引、抛三个部分组成的一个连贯、自然流畅、一气呵成的弧形引化过程。它改变了传统的硬性击球方法，要求首先顺着来球的方向、线路，主动伸拍迎球，使球从球拍的边框悄无声息地切纳入球拍。球入球拍后，以两脚为支撑双腿发力，力通过腰的分配组合，使身体和手臂以及手臂所持的球拍和拍内的球，以身体的横轴、纵轴和矢状轴为中心进行旋转运动，在旋转中使球在球拍中产生强大的离心力，再以这个离心力的惯性将球沿弧线的切线方向甩出球拍的过程。

太极柔力球与其他球类的比赛一样，都是非常激烈的，其球的飞行速度和项目的运动量不亚于网球、羽毛球等运动，而且这项运动落点非常准确、刁钻，球路变化无穷。我们仔细观察就可以看出，它与其他持拍球类运动的技术完全不同，它不是将球推打出去，而是用身体带动球拍挥旋，产生惯性离心力将球抛甩出去的一种技术。

比较接近的运动方式有田径运动中的链球和铁饼。由于它的接抛球过程需划一个圆弧，这是有一定时间的一个过程，而在这个过程中，可以有目的地在划弧的不同阶段选择由不同的方向和角度出球，真假虚实、声东击西，使对方难以判断，划弧所需用的时间可以使动作不断随意创造，优美的弧线也使动作圆润流畅、潇洒、飘逸，使智慧和技巧以及美在运动比赛中唱了主角，而那种只用蛮力、狠拼猛打、不动脑筋的运动方式在这里全无了用武之地。这项运动使东方民族处理问题全面周详、含蓄、婉转、坚韧不拔、灵巧、细腻的民族特点得到了充分的体现，使运动者和观赏者都得到了创造美、欣赏美的享受，并且通过运动使大家锻炼了身体，也陶冶了情操，愉悦了身心。

二、柔力球竞技基本技术

（一）握拍方法
（1）正握：见图4-3-1及讲解。
（2）反握：见图4-3-2及讲解。

（二）基本站位
（1）正手基本站位：正手基本站位是指运动员正手握拍，接抛身体右侧来球的站位方法。要求运动员面向对方，左脚在前，右脚在后，两脚自然开立略宽于肩，两膝弯曲略内扣，重心在两脚之间，脚跟略微提起，以脚前掌着地，髋关节放松，含胸收腹上体略向前，平视前方，右手持拍自然置于身体右前上方（见图5-2-1）。

（2）反手基本站位：反手基本站位是指运动员反握拍，接抛身体左侧来球的方法。要求面向对方，右脚在前，左脚在后，两脚自然开立略宽于肩，两膝弯曲略内扣，重心在两脚之间，含胸收腹，注视前方，右手持拍自然置于体前左上方（见图5-2-2）。

图5-2-1　　　　　　　　图5-2-2

（三）发球

发球是指比赛或对抛开始时把球抛向对手的动作。发球时，双脚自然开立，左手拿球，右手持拍，左手将球由身体的前方向后上方抛出，至少飞行 10 厘米后，在抛球的同时右手持拍向前迎球，球入拍后，做完整的弧形引化动作后将球顺势抛出。发球时，必须有一只支撑脚不得移位和脱离地面，发出的球以其在空中飞行轨迹的不同分为高远球、平快球和网前球三种。

（四）正手接球技术

（1）正手接抛高球。

接球队员以正手握拍方法，接抛身体右侧前上方来球并按顺时针方向完成弧形引化动作即为正拍正手接抛高球。根据来球的方向、速度及时调整站位，将接球点置于身体右侧前上方，持拍臂向右前上方伸拍迎球，球入球拍后以身体的完整力量带动持拍臂向身体的右侧后下方做弧形引化后，将球由右前下方向前抛出。

（2）正手接抛低球。

接球队员以正手握拍方法，将接球点置于身体右侧前下方，持拍臂要以肩为轴向右前下方伸拍迎球，球入球拍后以身体的完整力量带动持拍臂迅速、顺势向身体的右后 45°方向做弧形引化，经右前上方将球抛出。

（五）反手接球技术

（1）反手正握接抛高球。

接球队员以正握拍方法，将接球点置于身体左侧前下方，持拍臂要以肩为轴，手臂外旋，向左前上方伸出迎球，球拍的边框要对准来球方向，球入球拍后迅速、顺势向身体的左侧后下方做弧形引化，将球由左前下方向前抛出。

（2）反手正握接抛低球。

接球队员以正握拍方法，在身体左侧按顺时针方向完成弧形引化动作即为正拍反手接抛低球。根据来球的方向、速度及时调整站位，将接球点置于身体左侧前下方，持拍臂以肩为轴，向左侧前下方伸出迎球，持拍手拇指在上、四指在下，当球触及球拍后，使全身的力集中在腰部，以腰带动持拍臂向左后上方做弧形引化后，将球由左前上方向前抛出（见图 5-2-3）。

（3）反手反握接抛高球。

反手反握接抛高球是指接球队员以反手握拍，接抛身体左侧前上方来球，并按逆时针方向完成弧形引化动作的方法。接球队员反手握拍，手臂外旋，持拍手的手心向上，持拍臂向左前上方伸拍迎球，球入球拍后以身体的完整力量带动持拍臂向身体的左侧后下方做弧形引化后，将球由左前下方向前抛出（见图 5-2-4）。

（4）反手反握接抛低球。

反手反握接抛低球是指接球队员反手握拍，接抛身体左侧前下方来球的方法。接球队员反手握拍，手臂内旋，握拍手的手心向下，向身体的左侧前下方伸拍迎球，球入球拍后，以身体带动持拍臂向左后上方做弧形引化，将球在身体的左前上方向前抛出（见图 5-2-5）。

图 5 - 2 - 3　　　　　　　图 5 - 2 - 4　　　　　　　图 5 - 2 - 5

（六）拉球技术

（1）正拍右拉球。

接球队员正握拍，将接球点置于体前偏左侧，小臂外旋，向左前下方伸拍迎球，球拍的侧框对向来球方向，拍面要与地面垂直，拍头对向地面。当球入球拍后，迅速在体前向右侧做水平弧形引化，并将球在身体右侧择向抛出（见图 5 - 2 - 6）。

（2）正拍左拉球。

接球队员正握拍，将接球点置于体前偏右侧，小臂内旋，向右前下方伸拍迎球，球拍侧框对向来球方向，拍面要与地面垂直，拍头对向地面。当球入球拍后，迅速在体前向左侧做水平弧形引化，并将球在身体左侧择向抛出（见图 5 - 2 - 7）。

图 5 - 2 - 6　　　　　　　　　　　图 5 - 2 - 7

（3）反拍右拉球。

接球队员反握拍，将接球点置于体前偏左侧，小臂外旋，向左前下方伸拍迎球，球拍侧框对向来球方向，拍面要与地面垂直，拍头对向地面。当球入球拍后，迅速在体前向右侧做水平弧形引化，并将球在身体右侧择向抛出（见图 5 - 2 - 8）。

（4）反拍左拉球。

接球队员反握拍，将接球点置于体前偏右侧，小臂内旋，向右前下方伸拍迎球，球拍侧框对向来球方向，拍面要与地面垂直，拍头对向地面。当球入球拍后，迅速在体前向左侧做水平弧形引化，并将球在身体左侧择向抛出（见图 5 - 2 - 9）。

图 5 - 2 - 8　　　　　　　　　　　　　　　图 5 - 2 - 9

（七）提腿接抛球

（1）提右腿接抛球。

接球队员正手握拍，接抛球时将接球点置于右侧前方，持拍臂在出拍迎球的同时，左脚先上半步成支撑腿，右腿上提，将引入球拍的球经右腿外侧做弧形引化至腿下抛出。如果来球较高，可以上左步以左脚起跳，右腿上摆，然后将引入球拍的球经右腿外侧做弧形引化至右腿下抛出（见图 5 - 2 - 10）。

（2）提左腿接抛球。

接球队员正手握球拍，接抛球时将接球点置于右侧前方，持拍臂在出拍迎球的同时，右脚先上半步成支撑腿，左腿提起并顺势将引入球拍的球经左腿内侧做弧形引化至腿下抛出。为了更快地恢复身体平衡，可以在提左腿时加大摆动力度，在完成腿下抛球后，顺势旋转 360°，使身体迅速恢复基本站位（见图 5 - 2 - 11）。

图 5 - 2 - 10　　　　　　　　　　　　　图 5 - 2 - 11

（八）背后接抛球

在实战中背后接抛球是常用而且效果较好的隐蔽动作，接抛球时可采用原地、上步或撤步的接抛球动作。接抛球点在身体的右侧，持拍臂在引球入拍后，左右脚同时蹬转，以身体的纵轴为中心，向右后方垂直转动 90°，持拍臂围绕身体顺势做弧形引化，使球经体后至身体左侧抛出。做引化动作时，拍头应微微翘起，以免球失控脱落（见图 5 - 2 - 12）。

图 5-2-12

（九）腋下接抛球

接球队员正握球拍，接抛球时将接球点置于身体左侧，持拍臂在引球入拍的同时，右脚向左前跨半步，身体向左转体约 90°，侧对进攻方向，左臂屈肘上抬，引球入拍后，顺势向左后方引化经身后使球由身体左腋下抛出，注意出球时头部要向前，眼看出球方向（见图 5-2-13）。

图 5-2-13

（十）右侧头后球

接球队员正握拍，接抛球时将接球点置于头部右侧位，拍头向上，球拍持球面对向身体纵轴，持拍臂在引球入拍后，带球由头的右侧向头后做弧形引化，同时右脚和左脚同时蹬地，使身体向右旋约 90°，将球从左侧肩上方抛出（见图 5-2-14）。

图 5-2-14

（十一）左侧头后球

接球队员正握球拍，接抛球时将接球点置于头部左侧位，持拍臂小臂外旋，拍头向上，持球面对向身体纵轴，引球入拍后，在全身的整体带动下，球拍以身体的纵轴为中心，顺势向头后做水平弧形引化，右脚向左前跨上半步，并向左转体约90°，将球从右侧肩上抛出（见图5－2－15）。

图 5－2－15

（十二）肩后球

接球队员正握球拍，将接球点置于身体的右前上方，球拍拍头向上，持球面对向身体纵轴，在引球入拍后，手臂外展，左脚和右脚同时蹬转，以身体的纵轴为中心，使身体带动球拍向右后转体90°到180°做弧形引化，将球从身体的左侧向前抛出。或以右脚为轴，左脚蹬地后向右脚靠拢，使身体原地向右后拧转，将球从身体左侧肩后抛出（见图5－2－16）。

图 5－2－16

三、柔力球竞技高级技术

高级技术是体现太极柔力球以柔克刚、借力打力的战术思想的要点，它的进攻点高且面广、变化多、球速快、力量大、落点准确，是进攻得分的重要手段，同时也是防守的关键和转守为攻的重要环节。

（一）水平右旋球

正手基本站位，当球向身体右侧上方飞来时，右手持拍向右前上方伸拍迎球，同时以右脚为支撑，左脚迅速蹬地，使身体向右后方顺时针方向水平旋转，持拍臂带球，拍头朝上，球拍的持球面对向于身体的纵轴，并围绕着身体的纵轴进行水平弧形引化旋转。在旋转的过程中，头部要稍领先于身体的旋转，提前观察对方的站位情况，有目的地将球攻入对方场区。在球出球拍瞬间，出球点的拍框外缘要对向出球方向（见图 5-2-17）。

图 5-2-17

（二）水平左旋球

反手基本站位，当球向身体的左侧上方飞来时，右手持拍向左前上方伸拍迎球，同时，以左脚为支撑，右脚迅速蹬地，使身体向左后方逆时针方向旋转，持拍臂挥拍带球，拍头朝上，球拍的持球面对向身体的纵轴，并围绕着身体纵轴，进行水平弧形引化旋转，在旋转的过程中，头部要稍领先于身体的旋转，提前观察对方的站位情况，有目的地将球攻入对方场区。在球出球拍的瞬间，出球点的拍框外缘要对向出球方向（见图 5-2-18）。

图 5-2-18

（三）原地右侧旋球

正手基本站位，当球向身体的右下方飞来时，右手持拍向右前下方伸拍迎球，同时右脚后撤支撑，左脚迅速蹬地，在身体合力的带动下，持拍臂由右下方侧旋至身体的左上方，并将球沿旋转圆弧的切线方向甩出，在出球瞬间，出球点的拍框外缘与出球方向保持一致。在旋转的过程中，头部要稍领先于身体的旋转，提前观察对方的站位情况，有目的地将球攻入对方场区（见图 5-2-19）。

图 5－2－19

（四）原地左侧旋球

反手基本站位，当球向身体的左侧下方飞来时，右手持拍向左前下方伸拍迎球，同时左脚后撤，脚前掌外转并支撑，右脚迅速蹬地，在身体合力的带动下，持拍臂从身体的左侧下方侧旋至身体右侧上方，将球沿旋转圆弧的切线方向甩出。在旋转过程中，圆心和半径要固定，弧线保持在一个平面上（见图 5－2－20）。

图 5－2－20

（五）腾空右侧旋球

正手站位，当球向身体的右侧飞来时，右手持拍向右前下方伸拍迎球，同时滑步调整站位，当球入球拍后，左脚侧蹬，右脚支撑起跳，或双脚同时向右后上方蹬转身体，在空中旋转，带动手臂和球拍及拍中的球，由右前下方向上，经体后向上，从身体的左上方再向前划一个完整的弧线，当球拍旋转到最高点时，使球沿这个弧线的切线方向甩出。出球点的拍框外缘要对向出球方向，这个动作要注意的是，在（身体）起跳时，不是单纯的上跳，而是向上跳的同时，使身体获得在空中旋转的力量（见图 5 - 2 - 21）。

图 5 - 2 - 21

（六）双脚腾空左侧旋球

反手基本站位，当球向身体的左侧飞来时，右手持拍向左前下方伸拍迎球，同时滑步调整站位，当球入球拍后，双脚同时向左后上方蹬转身体，使身体在空中旋转，带动手臂和球拍及拍中的球，由身体右前下方，经体后向上从身体的左上方再向前划一个完整的弧线，当球拍旋转到最高点时，使球沿这个弧线的切线方向甩出球拍。出球点的拍框外缘要对向出球方向，这个动作要注意的是，在（身体）起跳时，不是单纯的上跳，而是向上跳的同时，使身体获得在空中旋转的力量（见图 5 - 2 - 22）。

图 5 - 2 - 22

（七）单脚腾空左侧旋球

反手站位，当球向身体的左侧下方飞来时，右手持拍向左前下方伸拍迎球，同时滑步调整站位，当球入球拍后，右脚侧蹬地面，以左脚支撑起跳，使身体在空中旋转，带动手臂和球拍及拍中的球，由身体的左前下方经体后向上，到身体的右上方，再向前划出一个完整的弧线，在这个弧线的最高点处，使球沿着这个弧线的切线方向甩出，出球点的拍框外缘一定要对向出球方向。这个动作如果要腾空完成，也是要在起跳时蹬旋身体的，这可使得身体获得足够的旋转力量和速度，从而产生更大的惯性，使出球的速度更快。在旋转过程中，头要领先身体的旋转，提前观察对方的防守情况，将球有目的地攻入对方场区的空挡（见图 5 - 2 - 23）。

图 5 - 2 - 23

（八）正手高点球

正手基本站位，当球向身体右侧飞来时，（通过滑步调整，使身体处于适当的位置）右手持拍向右侧前下方伸拍迎球，同时双脚蹬地，使身体原地向上展开，或以左脚向上起跳，在起跳的同时，持拍臂以肩为轴，球拍带球，从右前下向右后，向上，再向前划一个完整的弧线，在引化圆弧旋转到最高点时，将球沿弧线的切线方向向前甩出。本项技术的特点是进攻点高，视野开阔，攻点准确。要注意在入球时加大持拍臂的旋转初速度，拉出力量，使动作连贯完整，一气呵成（见图 5 - 2 - 24）。

图 5 - 2 - 24

（九）腾空水平旋球

正手基本站位，当球快速向身体的右侧上方飞来时，可以采用腾空水平旋转，在高点对进攻球进行拦截，并顺势反击。技术动作是这样的：双脚迅速蹬地，使身体跳起，在空中完成围绕身体纵轴的水平旋转，在旋转的同时右臂持拍向右侧上方迎球，球入球拍后，以身体的旋转力量带动手臂，球拍及拍中的球，使球从身体的左侧甩出。旋转时拍头向上，球拍的持球面对向身体的纵轴，出球时，要注意球甩出球拍的瞬间拍框的外缘要对向出球方向，落地后要迅速恢复基本站位（图 5 - 2 - 25）。

图 5 - 2 - 25

四、柔力球竞技实战法则

（1）力争在身体侧前方纳球入拍，有利于完整地抛出弧线和左右旋转。

（2）一般来说，头顶球和反手接抛球通常是薄弱区域，应注意打其弱点。

（3）在单打时，每次回球后应立即回到中心位置。在双打防守时则应立即回到与同伴平行的位置，在双打进攻时则应与同伴保持前后的位置。

（4）单打发球要尽量高而远，尽可能接近对方底线。这样可留给自己更多的时间、空间；双打发球要多变，多给弱的一方喂球。

（5）在单打时，除非杀球，否则不要轻易把球回到对方的中场；尽可能打对方后场的两后角。

（6）在进行有力的正旋或反旋进攻时，身体重心应向带球一侧转动以便站稳双脚，并及时回到中心或预判来球的位置，迎接对方的回球。因为你的球速越快，对方回球的速度也可能较快。

（7）在规则允许的范围内尽可能多用假动作、眼神迷惑对方，但事先不要流露自己的意图。

（8）要准确地判断对方回球的飞行方向、弧线和速度，否则可能造成错接界外球。

（9）吊网前小球时，路线要短，并尽可能靠近球网，但一定要有完整的弧形引化，切不可使球在拍中离心力消失。

（10）杀进攻球时尽可能远离对手或直接命中对手的身体中央、握拍手或肩，有时候杀球的目的不是直接得分，而是迫使对方被动，然后寻找机会得分。

（11）当你一时不知所措或需要短暂的喘息机会时，可回一后场高远球，然后回到场地中心位置。有时自己回出一个超高的球，也会起到意想不到的效果。

（12）握拍手尽可能保持放松，引球入拍后逐渐收紧手指，抛出球后迅速放松复原。接发球的间隙可把球拍竖起或习惯性地转动球拍，这不失为一个好方法。

（13）在接对方前场吊小球时，如果对方站位靠前，则可把球送到对方侧前方或头顶后方，以争取主动。

（14）许多运动员有自己的特有打法，有时会回出旋转不到位或故意多旋一些角度的球，要善于发现对方的规律，预判球的落点，适时调整位置，但千万不要过早暴露自己的动向。

（15）时刻留意意外球，如擦网球，而对方被动时因动作变形但又没有犯规的回球往往落点刁钻、怪异，需特别注意。

（16）要重视步伐，只有步伐到位才可以回出得心应手、高质量的球来；预备接球时，身体不能直立，要含背屈腿，双脚无论是平行或前后站位，都要以前脚掌着地，时刻保持脚和腿的弹性，以便灵活移动步伐。

（17）如果你正在得分，不要改变打法；如果暂时失利，则应立即调整打法；如果你的连续进攻没有奏效，可回一高远球，然后重新寻找战机。

（18）掌握好节奏，刚柔并济，柔多不能造成威胁，刚多易折。

（19）时刻注意对方的站位，主动回出控制球，消耗对方体力，造成对方失误。

（20）要用脑子打球，善用多变的战术。技术是基础，战术是灵魂。通过实战不断完善自己的战术和创新的技术打法，才是取胜的真正法宝。

第六章　柔力球竞赛规则与裁判法

第一节　柔力球套路项目竞赛规则

一、总则

（一）目的

为保证柔力球套路项目比赛评分的客观性、规范性和公正性，制定本规则。

（二）比赛和项目

1.2.1　比赛名称

锦标赛、冠军赛、联赛、公开赛、资格赛、选拔赛、俱乐部赛、邀请赛、对抗赛。

1.2.2　比赛项目

（1）集体套路：6～12 人。

（2）组合套路：3～5 人。

（3）双人套路：男双、女双、混双。

（4）单人套路：男单、女单。

可根据比赛分别设置规定套路和自选套路。

（三）年龄与分组

（1）儿童组（小学生）：12 岁以下。

（2）少年组（中学生）：13～17 岁。

（3）青年组：18～34 岁。

（4）中年组：35～54 岁。

（5）老年组：55 岁以上。

可根据比赛需要分别设置组别。

（四）成套动作时间

（1）集体自选：4 分至 4 分 30 秒。

（2）双人自选：3 分至 3 分 30 秒。

（3）个人自选：2 分至 3 分。

动作时间是以运动员（集体项目的全体运动员）抛球入拍开始计时，到运动员（集体项目的全体运动员）手接住球拍抛出的球动作静止时停止。

（五）比赛着装

（1）比赛服装、饰品和鞋子要求符合柔力球的运动特点。

（2）集体项目比赛队员的运动服装颜色、面料、款式要一致（男女可有别）。

（3）不得穿舞蹈类裙装，禁止佩戴可造成伤害的饰品。

（4）不得穿硬底皮鞋、高跟鞋和体操鞋。

（5）获奖代表队必须着比赛服参加颁奖仪式。

（六）音乐伴奏

（1）整套动作必须在音乐的伴奏下完成。

（2）比赛音乐须经竞赛委员会同意才能播放。

（3）规定套路音乐由比赛组委会准备，自选套路音乐由参赛队自行准备。

（4）参赛队自备的光盘必须标明队名、比赛项目。

（七）比赛场地与设备

（1）比赛场地为 26 米×16 米的长方形，四周的白色标志带边线属于场地的一部分。

（2）比赛场地应该为地板或地胶，平坦、不涩不滑，可设特制的背景板。

（3）有专业的音响设备和辅助灯光。

（4）裁判席设在比赛场地的正前方独立区域。

（八）比赛用球

（1）球应为圆球体，直径为 6.8 厘米±0.1 厘米。

（2）球的总重量为 55 克±2 克，球体内沙砾不得超过 30 克。

（3）球面材料为橡胶或塑料，可以为光面或凹凸花纹面（凸起高度不得超过 0.03 厘米）。

（4）在一次比赛中所使用的球必须为同一品牌。

（九）球拍

（1）球拍由拍柄、拍杆、拍颈、拍框、拍面组成，如图 3-1-1 所示。

（十）出场顺序

（1）可按报名顺序由计算机进行抽签确定。

（2）可由组委会安排竞赛组进行抽签确定。

（3）可在赛前联席会上安排各领队抽签确定。

（十一）上场与退场

（1）可以选择动态上场开始，也可以选择立定造型开始。

（2）比赛开始，不得中途上、下场。

（3）退场必须包括向裁判席及观众行礼致意环节。

二、评分办法与标准

（一）评分办法

（1）比赛采取裁判员分别打分，裁判长公开出示最后得分的方法。成套动作满分为 10 分，裁判员的评分精确到 0.1 分，最后得分精确到 0.01 分。

（2）裁判员的评分去掉 1 个或 2 个最高分和 1 个或 2 个最低分，中间 3 个或 5 个分数的平均分即为得分，再减去裁判长的判罚减分，即为最后得分。

（3）对比赛最后成绩和结果不接受的，可申诉。

（4）中间分的差距不得超过以下规定：9.5 分以上不得超过 0.2 分；9.0～9.5 分之间不得超过 0.3 分；8.5～9.0 分之间不得超过 0.4 分；8.5 分以下不得超过 0.5 分。如超过上述规定，须采用基分作为最后得分。基分的计算公式如下：

$$\frac{中间分的平均分＋裁判长的判分}{2}＝基分$$

（二）规定套路评分（10 分制）

评分因素与分值：

动作的完成：7 分。

艺术表现和团队精神：3 分。

1. 动作的完成（7 分）

（1）动作的正确性：

① 动作圆润流畅、协调舒展。

② 动作技术正确、符合要求。

（2）动作的熟练性：

① 每掉 1 次球扣 0.1 分（最多扣分上限 1 分）。

② 每掉 1 次拍扣 0.2 分。

③ 摔倒在地扣 0.2 分。

④ 附加或漏做一个动作：1 人出现上述错误，扣 0.1 分；2～3 人出现上述错误，扣 0.2 分；4 人以上出现上述错误，扣 0.3 分；全队 1/2 以上出现上述错误，扣 0.5 分。

（3）动作与音乐：

① 动作要充分表现音乐的主题。

② 动作与音乐节奏配合要准确：若干动作不吻合，扣 0.1～0.3 分；半套动作不吻合，扣 0.3～0.4 分；整套动作不吻合，扣 0.5 分。

2. 艺术表现和团队精神（3 分）

（1）整套动作艺术表现力强，团队配合较好。

（2）精神面貌好，表现出健康和向上的精神。

（3）队形变化清晰、流畅，集体配合意识较强。

（4）集体动作整齐，每个人在完成动作的时间、空间、能力和表现上一致。

规定套路评分扣分表（见表 6 - 1 - 1）。

表 6 - 1 - 1　规定套路评分扣分表

类别	扣 分 内 容	一般	较差	不可接受
动作完成 （7 分）	动作技术正确、圆润流畅、舒展、符合要求	0.1～0.2	0.3～0.4	0.5 或更多
	掉球（拍）、摔倒	0.1～0.2	0.3～0.4	0.5 或更多
	动作错误或附加、漏做	0.1～0.2	0.3～0.4	0.5 或更多
	动作充分表现音乐的主题	0.1～0.2	0.3～0.4	0.5 或更多
	动作与音乐节奏配合准确	0.1～0.2	0.3～0.4	0.5 或更多
艺术表现和 团队精神 （3 分）	精神面貌与表现力	0.1～0.2	0.3～0.4	0.5 或更多
	队形变化清晰，集体配合意识	0.1～0.2	0.3～0.4	0.5 或更多
	集体动作整齐一致	0.1～0.2	0.3～0.4	0.5 或更多

（三）自选套路评分（10 分制）

评分因素与分值：

动作的设计：3 分。

动作的完成：4 分。

动作的艺术性、表现力、一致性和规范性：3 分。

1. 动作的设计（3 分）

（1）基本动作（0.4 分）：

一套自选动作必须包括摆翻、绕翻、旋翻、抛接等类型动作，编排上缺一类动作扣 0.1 分。

(2) 难度动作(1.2 分)：

全套动作还要达到 6 个 A 组、3 个 B 组、3 个 C 组的难度动作要求(见难度动作表 6 - 1 - 2)。

表 6 - 1 - 2　难　度　动　作　表

组别	难　度　动　作					
	云手	下式	下叉	直腿歇步	屈腿歇步	后抛前接
A 组	腿下抛接	下抱圆蹬转接上抱圆蹬转	旋转换手	正反八字绕环	体侧八字绕环	
B 组	平衡下盘旋(单腿支撑)	双脚腾空(跳转360°)	向下八字绕环	拍尖向下绕环中的翻拍	拍头向下左右平转360°或540°(平腿)	背后抛接(前抛后接)
	高抛反插接盘旋	螺旋盘绕(由下而上、由上而下)	立旋接头上翻拍	腿下翻拍、背后翻拍	踢后腿背，后抛接球	背翻向里或向外连续两次
C 组	单腿转720°	一个支撑点一次完成720°以上的转体	指尖向下的正反螺旋盘绕	平衡身后翻拍	腾空旋绕中的翻拍	

① A 组每个动作为 0.05 分，B 组每个动作为 0.1 分，C 组每个动作为 0.2 分，(6A = 0.3 分，3B = 0.3 分，3C = 0.6 分)难度动作共 1.2 分。

② C 组难度可代替 A、B 组难度，但 A、B 组不能代替 C 组难度。

③ 双拍单球的难度同单拍单球。

④ 双拍双球依次完成的难度动作须高一级别但不另外加分。

⑤ 顺利完成以往比赛没有出现的、符合柔力球技术规范的、有美感、有推广价值的创新动作，其分值由大会裁判委员会商讨决定。

⑥ 参赛队如有创新动作需在报到时声明，是否为创新动作由大会裁判委员会在正式比赛前集体认定。

(3) 组织编排(1.2 分)：

① 全套动作艺术表现力和感染力强。

② 全套动作姿态优美，幅度、力度、节奏韵律好。

③ 服装美观、大方、整齐、高雅。

④ 动作多变、流畅，富有创新。

⑤ 集体套路编排中，至少有四次队形变化，每少一次，扣 0.1 分；队形变化单一，扣 0.1 分；队形变化杂乱，图形不清晰，扣 0.1 分。

(4) 安全性(0.2 分)：

中年以上年龄组别，不允许有空翻、倒立、滚翻、下桥等不利于动作衔接和身体安全的动作，如出现扣 0.2 分。

2. 动作的完成(4 分)

(1) 动作完成轻松、准确、流畅。

（2）动作与音乐协调一致，能完美表现音乐主题。

（3）动作的熟练性：

① 每掉 1 次球扣 0.1 分（最多扣分上限为 1 分）；

② 每掉 1 次拍扣 0.2 分；

③ 摔倒在地扣 0.2 分。

（4）技术正确，动作优美。

（5）全套动作不允许持空拍进行，如果出现，两拍扣 0.1 分。

3. 动作的艺术性、表现力、一致性和规范性（3 分）

（1）团队的精神面貌和动作艺术性、感染力和表现力好。

（2）一致性：集体动作整齐，每个人在完成动作的时间、空间、能力和表现力上一致。运动员的动作一致，准确到位。

（3）规范性：除抛接球外，要求全套动作在变化的弧形曲线上连续不断地运行，不得有停顿、持球和直线运动。

自选套路评分扣分表（见表 6－1－3）。

表 6－1－3 自选套路评分扣分表

	扣分内容	一般	较差	不可接受
动作的设计（3 分）	基本动作（0.4 分）	每缺一类动作扣 0.1 分		
	难度动作（1.2 分）	0.1～0.2	0.3～0.4	0.5 或更多
	组织编排（1.2 分）	0.1～0.2	0.3～0.4	0.5 或更多
	安全性（0.2 分）	中老年组出现非安全动作即扣 0.2 分		
动作的完成（4 分）	动作准确、流畅、协调舒展，轻松	0.1～0.2	0.3～0.4	0.5 或更多
	动作与音乐协调一致	0.1～0.2	0.3～0.4	0.5 或更多
	掉球（拍）、摔倒	0.1～0.2	0.3～0.4	0.5 或更多
	技术正确，动作优美	0.1～0.2	0.3～0.4	0.5 或更多
	空拍动作	每出现两拍扣 0.1 分		
动作的艺术性、表现力、一致性、规范性（3 分）	艺术性、表现力、感染力	0.1～0.2	0.3～0.4	0.5 或更多
	动作一致、准确到位	0.1～0.2	0.3～0.4	0.5 或更多
	动作规范	每出现一次停顿、持球、直线，扣 0.1 分		

（四）裁判长扣分表（见表 6－1－4）

表 6－1－4 裁判长扣分表

序号	内 容	扣分
1	被叫到后 20 秒内未出场	扣 0.1 分
2	成套时间不足或超过	扣 0.1 分
3	参赛人数不符合规定	扣 0.1 分
4	比赛服装、鞋子、饰品不符合要求	扣 0.1 分
5	教练员场外提示或运动员在套路比赛中喊口号	扣 0.1 分
6	运动员、教练员无故拖延或中断比赛，违反体育道德，请示仲裁委员会	取消资格

三、纪律处罚

（一）裁判员纪律与处罚

严格按照国家体育总局体育竞赛裁判员管理办法规定执行。

（二）运动员（队）纪律与处罚

（1）检录三次未到，取消该项比赛资格。

（2）裁判长示意后 1 分钟内未出场者，取消比赛资格。

（3）不服从裁判，干扰比赛正常秩序，取消比赛资格。

（4）不遵守比赛组委会有关规定、不尊重裁判和工作人员，将视情况给予以下处罚：

① 警告。

② 取消比赛资格。

③ 取消比赛成绩和名次。

④ 取消该单位和地区今后的比赛资格。

四、特殊情况处理

在遇到以下特殊情况时，应立即停止比赛并向裁判长报告，在问题解决后重做，但在成套动作结束后提出的要求将不被接受。

（1）音乐播放错误。

（2）由于音响设备而出现的音乐问题。

（3）由于设备问题而出现的干扰（灯光、比赛场地等）。

五、柔力球套路比赛裁判法

（一）柔力球套路裁判员应具备的基本条件

柔力球竞赛是推动柔力球运动普及和发展的重要手段，裁判员在比赛过程中起着组织和指导的作用，其要对参赛人员各种技术犯规以及不正当行为进行裁定和判罚，保证比赛的顺利进行。裁判工作水平的高低直接影响到比赛能否顺利进行及各参赛队水平的正常发挥，也直接关系到比赛队之间能否协同团结、增进友谊、相互学习和共同提高。

每一名裁判人员都应具备相应的水平和能力，以完成所担负的裁判任务。裁判员必须具备以下条件：

（1）良好的道德品质。

作为一名裁判员，具备良好的道德品质是首要条件。思想端正、作风正派，全心全意为比赛服务，为柔力球运动的发展服务，是裁判工作的思想基础。裁判员要明确自己的责任，珍惜比赛规则给予的权力，在任何情况下都不得感情用事或滥用职权。

（2）熟悉规则，精通业务。

裁判员必须正确理解太极柔力球运动规则的精神实质和含义，熟悉规则并严格准确地执行规则，维护裁判员的信誉和尊严。

（3）掌握适宜的判罚尺度。

裁判员在掌握判罚尺度时要适宜，在各种不同水平和不同类型的比赛中，要恰如其分、灵活地掌握一个平衡的尺度，不可时而过严、时而过松，造成判罚不公，影响竞赛顺利进行和裁判工作的声誉。

（4）裁判员必须经常研究柔力球技术的发展趋势，刻苦钻研和实践，体会各种动作，从中摸索出规律性的东西，使判罚更为准确，更好地适应柔力球运动的发展。

（5）裁判员必须经常参加体育锻炼，保持身体健康。只有精神饱满、精力充沛，思想才能高度集中，才能在紧张激烈、持续时间较长的竞赛中保持反应迅速、判定果断、判罚准确。

（6）裁判员应不卑不亢、落落大方、衣冠整洁、整齐划一、文明礼貌、平易近人，能耐心听取意见，不说长道短，反对嫉贤妒能和搞宗派活动，正确对待分工，不徇私情，团结一致，密切配合，以保证竞赛任务的顺利完成。

（二）裁判工作的组织和裁判人员的职责

正式比赛，应在大会组委会的领导下设立裁判委员会，与其他部门共同配合工作。

1. 裁判委员会的组成

套路比赛裁判委员会设裁判长1人，副裁判长1人，记录长1人，裁判员5～7人，记录员2人，计时员1人，检录员2～3人，宣告员1人，音响师1～2人。

以上可根据比赛规模的大小适当增减人员。

2. 裁判长职责

（1）全面主持比赛裁判工作，调控比赛进程。

（2）赛前制定裁判工作计划，检查各项准备工作。

（3）组织裁判员赛前的学习和实习，确定裁判员分工。

（4）接受大会组委会的委托，主持抽签或指派副裁判长主持抽签。

（5）与大会组委会保持联系，及时解决有关问题。

（6）根据赛事实际需要，研究制定比赛有关裁判工作的临时制度及措施，报大会组委会通过后执行。

（7）检查场地、器材及一切裁判用具的准备情况。

（8）监督、检查裁判员整场评分情况，当评分出现偏差时，有权做适当调整。

（9）对教练员、运动员干扰比赛进程的不正当行为，有批评、教育、警告和建议取消比赛资格的权力。

（10）审核并宣布最终比赛成绩。

（11）主持并写出裁判工作总结。

3. 副裁判长职责

（1）协助裁判长完成各项裁判工作。

（2）协助裁判长负责检查场地、宣告、组织编排和抽签等工作。

（3）执行裁判长减分。

（4）检查记录员成绩登记，审核最后得分。

4. 评分裁判员职责

（1）参加赛前裁判员学习班，听从组委会安排，服从裁判长领导。

（2）按时出席赛前的全体裁判员会议。

（3）观看赛前训练。

（4）严格按照规则，准确、快速、客观、公正、合乎道德地评判。

（5）赛前全面做好各项准备工作。

5. 记录长和记录员职责

（1）协助裁判长做好赛前准备工作，备好出场顺序抽签表、比赛成绩记录表等比赛用表格，备好裁判组评分用具。

（2）比赛中及时统计裁判评分，排出名次与等级。

（3）根据大会要求设计、制作成绩册。

（4）协助组委会组织颁奖仪式，准备奖杯、证书、奖品等。

6. 计时员职责

对参赛队（运动员）比赛的起止时间准确计时，有超时（或不足时间）必须立即报告裁判长。

7. 检录员职责

（1）召集参赛队伍，做好入场前期准备，确保比赛按时、顺利进行。

（2）组织领奖队伍，做好入场前期准备，确保领奖工作有序进行。

8. 宣告员职责

（1）在裁判长指导下进行赛前准备。

（2）临场介绍仲裁委员会人员、裁判委员会人员。

（3）在裁判长示意下宣告出场队伍，宣读裁判员评分结果和最后得分。

（4）介绍与比赛相关的知识和组委会制定的宣传材料。

9. 放音员职责

（1）收集各队比赛的音乐光盘（移动存储），试音确认完好，进行登记整理排序。

（2）按照报名表核对参赛队曲目是否有改变，并将核对结果及时报告裁判长。

（3）按照参赛队出场顺序，准确播放各队音乐，并做好保管工作。比赛结束后，所有音乐及记录资料交给组委会。

第二节　柔力球竞技竞赛规则

一、场地和场地设备

（见第三章第二节）。

二、柔力球

（见第三章第一节）。

三、柔力球拍

（见第三章第一节）。

四、挑边

比赛开始前应由主裁判主持挑边，赢方将在下面的（1）或（2）中做出选择。

（1）选择先发球或先接发球。

（2）选择在指定场地的一个场区或另一个场区开始比赛。

输的一方，只能选择余下的一项。

五、比赛结果的判定

（1）除非另有规定，一场比赛应以三局两胜定胜负，先胜两局的一方为胜一场。

（2）除本项规则（4）和（5）的情况外，先得 15 分的一方胜一局。

（3）对方"违例"或球触及对方场区内的地面成死球，则该方胜这一回合并得一分。

（4）14 平后，领先得 2 分的一方胜该局。

（5）19 平后，先拿 20 分的一方胜该局。

（6）弃权与阵容不完整：

① 一方弃权或拒绝继续进行比赛，则判对方以 15：0 的比分和 2：0 的比分取胜。

② 一方无正当理由，在比赛时间开始后 15 分钟内未到达比赛场地，则宣布该队为弃权，处理同规则上。

③ 在团体赛中，某队阵容不完整则不能参加比赛，处理规则同①。

（7）可根据比赛实际需要采用 11 分制（先得 11 分为胜一局，10 平后，领先得 2 分的一方胜该局，14 平后，先拿 15 分的一方胜该局），采用五局三胜制。

六、交换场区

以下情况，运动员应交换场区：

（1）第一局结束。

（2）第二局结束（如果有第三局）。

（3）在第三局比赛中，一方先得 7 分时。

如果运动员未按此规则的规定交换场区，一经发现，在死球时立即交换，已得比分有效。

七、发球

（一）合法发球

（1）开局或主裁判报完得分手势后，双方队员迅速做好发球和接发球准备，主裁判鸣哨（或口令）并做允许发球手势，运动员才可以发球。

（2）发球员可以站在发球区内任何位置。允许发球后，在球未发出之前，运动员至少有一只脚与场地的地面接触。

（3）发球员用手将球向后上方抛起，并使球离开抛球手后上升不少于 10 厘米。手持拍迎球入拍后，必须采用高入低抛的弧形引化动作将球抛向对方比赛场区（擦网为合法球）。

（4）双打比赛时，发球方除发球员外，另一人可选择赛场内恰当的位置，但不能影响对方的视线。

（二）发球违例

（1）发球员未站在发球区内或脚踩在发球区限制线上发球。

（2）发球员发球时未将球明显地抛离手掌 10 厘米。

（3）允许发球后，在球未发出之前，发球员双脚移位或双脚腾空跳起。

（4）发球时，球已抛出，球拍已挥动，但未触及抛出的球。

（5）出现接抛球违例中的情况（规则八中的（二））。

（三）发球顺序

（1）第一局由规则四决定取得发球权一方首先发球，以后每局胜方运动员先发球。

（2）单打比赛，一方每发满两个球交换发球权，打满 14∶14 以后开始每球轮换发球。

（3）双打比赛，双方应确定第一发球员。每局比赛的发球权必须如下传递：

① 发球方第一发球员首先发球。

② 其次接发球方的第一发球员发球。

③ 然后是发球方第一发球员的同伴。

④ 接着是接发球方第一发球员的同伴。

⑤ 再接着是发球方第一发球员，如此传递。

（四）发球区错误

以下情况为发球区错误：

（1）发球次数错误。

（2）发球顺序错误。

如果发现发球区错误，应及时予以纠正，已得比分有效。

八、接抛球

（一）合法接抛球

（1）球拍触及球的一瞬间，以相应的拍形和速度，顺势将球引入球拍，并以明显的、完整的弧形引化动作将球抛出，经比赛球网的上方落入对方有效区内的球为合法接抛球。

（2）单打的一个回合中，双方队员各只有一次合法的接抛球动作使球过网。

（3）双打的一个回合中，一方可采用一次或两次合法接抛球动作使球过网，但场上每个队员只限接抛球一次。

（二）接抛球违例

接抛球（含发球）过程中球与球拍间出现硬性撞击、弧形引化中断、连击球等现象为接抛球违例。

（1）硬性撞击：拍面触及球的瞬间无完整"弧形引化"过程，与球发生硬性撞击。（如出现不明显的撞碰，但做出了完整的"弧形引化"动作，球拍与球是同向运动，可不判违例。）

（2）弧形引化中断："弧形引化"的运动轨迹被突然改变，包括引化间断、引化持球、引化逆转、折向发力等。

（3）连击球：球在球拍上发生一次以上的触及为连击球。

九、重发球

（1）由裁判员宣报"暂停"，用以中断比赛，重新发球

（2）以下情况时须"重发球"

① 发球员在接发球员未做好准备时发球；

② 发球队员抛球离手后，未做任何挥拍动作，持拍手和拍也都未触球；

③ 主裁判未"鸣哨"或未发出允许发球口令和手势而将球发出；

④ 发球时，发球方和接发球方队员同时违例；

⑤ 裁判员认为比赛被干扰或教练员干扰了对方运动员的比赛；

⑥ 司线员未能看清，裁判员也不能做出裁决时；

⑦ 无法预见的意外情况发生时。

十、以下情况均属违例

（1）出现发球违例（规则七中的（二））和接抛球违例（规则八中的（二））情况。

（2）球从网下、网柱外以及网孔穿过。

（3）比赛时球拍与球的最初接触点和出球点不在本方场地一侧。

（4）任意一个回合进行中，球触及球场固定物或球触碰场内或场外运动员（在比赛进行中球擦网落入对方场区为合法球）。

（5）运动员发球或接抛球时球拍触及地面。

（6）比赛运动员的球拍、身体和衣物触及球网及网柱。

（7）运动员脚踩中线。

（8）双打时，同方队员进行接抛球时球拍相碰。

（9）球拍的运行弧线形成了闭合，或"弧形引化"动作超过 360°出球。

（10）运动员严重违犯或屡犯规则十二的规定。

（11）前场进攻违例情况。

① 在限制区内击球，可使用所有技术动作，但出球点不得低于网上水平面，球所运行的切线方向必须是由下向上成抛物线进入对方场区，否则判前场进攻违例。

② 攻方队员在做高点进攻球时，其支撑点和起跳点可以在场地的任何位置，但在动作完成后的支撑点和落点必须在限制线后，在进攻动作完成后的瞬间，身体的任何部位都不得触及限制区和限制线，否则判前场进攻违例。

十一、死球

（1）球撞网后，向抛球者这方的地面落下；

（2）球触及地面；

（3）裁判员宣报了"违例"或"重发球"。

十二、比赛连续性、行为不端及处罚

除本项规则（1）和（2）允许的情况外，比赛自第一次发球开始至该场比赛结束应该是连续的。

（1）所有比赛中，每局之间允许有不超过两分钟的间歇

（2）比赛的暂停

① 遇到不是运动员所能控制的情况，裁判员可根据需要暂停比赛。

② 遇特殊情况，裁判长可要求裁判员暂停比赛。

③ 如果比赛暂停，已得比分有效，续赛时由该比分算起。

（3）延误比赛

① 不允许运动员为恢复体力、喘息或接受指导而延误比赛。

② 裁判员是"延误比赛"的唯一裁决者。

（4）指导和离开场地

① 在一场比赛中，只有局间休息时，允许运动员接受指导。

② 在一场比赛中，运动员未经裁判员允许不得离开场地（本规则（1）规定的间隙除外）。

（5）运动员不得有下列行为

① 故意延误或中断比赛；

② 故意改变或损坏球或球拍，拟从中非法得利；

③ 发球方发球时，接发球方故意挥拍、呼叫或大幅度移动干扰发球；

④ 在双打比赛中，一方出现单打局面，并改变比赛性质，其中一人连续3次以上故意不接对方攻向他的球，或完成发球后在场内旁观或离场，消极对待比赛；

⑤ 举止无礼；

⑥ 规则未述的其他不端行为。

（6）教练员不得有下列行为

① 在比赛过程中，教练员未退出比赛规定的场地范围以外；

② 在比赛过程中，以任何方式进行现场指导或大声喊叫干扰比赛。

（7）对违反者的处罚

① 对违反本规则（3）、（4）或（5）的运动员，裁判员应执行：第一次，口头警告；第二次，黄牌警告并罚失一分；第三次，出示红、黄牌判罚失一局。

② 对于屡教不改者，红牌罚下，并取消本轮比赛资格，报裁判长备案。

③ 运动员在检录时，3次点名不到或比赛开始后15分钟不到，按弃权处理。

④ 运动员无正当理由弃权一个项目，判其失败并取消其所有项目的比赛资格。

⑤ 比赛结束后，运动员拒绝在记录表上签字确认比赛结果，判每局0：15的比分和每场0：2的比分失败。

⑥ 对违反本规则（6）的教练员，裁判员应执行：黄牌警告；判其本方运动员失分；命其离开现场进入观众席。

十三、比赛项目

（一）赛事设置

可以根据赛事需要设置男子单打、女子单打、男子双打、女子双打、男女混合双打、男子团体赛、女子团体赛和混合团体赛。

（二）提交出场顺序

团体赛教练员必须在赛前30分钟提交本队出场顺序，大会应为其保密。

十四、裁判职责和申诉受理

（1）裁判长对比赛全面负责。

（2）临场裁判员主持一场比赛，并管理该比赛场地及其紧邻的区域。裁判员对裁判长负责。

（3）司线员负责确定球在其分管区域端线边线的落点是"界内"或"界外"。

（4）临场裁判员对其所分管职责内事实的宣判是最后的裁决，但当裁判员确认司线员明显错判时，应予以纠正。

（5）裁判员的职责：

① 维护和执行柔力球比赛规则，及时宣判"违例"或"重发球"。

② 对在下一次发球前提出的申诉做出裁决。

③ 确保运动员和观众能随时了解比赛进展情况。

④ 与裁判长磋商后指派或撤换司线员。

⑤ 在临场裁判人员不足时，对无人执行的职责做出安排。

⑥ 记录并向裁判长报告与规则十二有关的所有情况。

⑦ 仅将与规则有关的申诉提交裁判长。（此类申诉必须在下次发球前提出，如果该场比赛结束，则应在申诉方离开场地前提出。）

⑧ 裁判长就申诉问题要求有关教练员在比赛结束后 30 分钟之内向仲裁委员会递交书面申诉材料，同时缴纳申诉费。胜诉后申诉费退回，败诉不退。

第三节　裁判员职责及手势

一、裁判员职责

（一）裁判长职责

（1）每次比赛应指派一名裁判长，其身份和工作地点应告知所有参赛队。

（2）裁判长应对下列事项负责：

① 主持抽签；

② 编排比赛日程；

③ 确定裁判人员分工；

④ 主持裁判人员的赛前会议；

⑤ 有权审查运动员的比赛资格；

⑥ 决定在紧急时刻是否中断比赛；

⑦ 对于不良行为或其他违反规程的行为采取纪律处罚。

（3）经组委会同意，当裁判长的任何职责交付给其他人员时，其个人的特殊职责和工作地点应告知所有参赛队。

（4）在裁判长缺席时，负责代理的副裁判长在比赛过程中自始至终应亲临比赛场地。

（5）如果裁判长认为必要，可在任何时间更换裁判人员，但不得更改被更换者在其职权范围内就事实问题做出的判定。

（6）从抵达比赛场馆开始至离开场地，运动员应处于裁判长的管辖之下。

（二）主裁判职责

（1）主裁判主持一场比赛，是单场比赛主要的执法者，对其所分管职责内事实的宣告是最后的裁决。管理时限从该场裁判员进入场地开始，直至该场比赛结束后离开场地为止。

（2）主裁判直接对裁判长负责，领导其他裁判员共同完成单场执裁工作。

（3）主裁判赛前应主动与其他裁判员取得联系，商议裁判有关注意事项。

（4）主裁判负责执行"挑边"，确保赢方和输方进行正确的选择，并记录挑边的结果。

（5）比赛过程中，对运动员的不端行为，由主裁判作出给予警告、罚分、停止比赛等处罚，并提示记录员记录好当时的情况。

（6）主裁判在赛后必须检查比赛记录，核实无误后签字送交记录公告处。

（三）副裁判职责

（1）协助主裁判工作，负责本场检查工作，赛前要检查运动员的号码、姓名是否与报名册对应无误，观察运动员站位是否正确。

（2）协助主裁判裁决看不到或看不清的界内、界外球。

（3）协助主裁判裁决来球是否擦到运动员的球拍或身体后出界。

（4）协助主裁判裁决运动员的发球是否违例。

（5）自主裁决运动员的身体是否触网，脚是否踩踏或踩过中线。

（6）自主裁决进攻队员在高点进攻完成时的支撑点和落点是否触及限制线和限制区。

（四）记录员职责

（1）记录员是比赛的得分情况及确定双方胜负的记录者。

（2）记录双方的分数，记录主裁判宣布的各类技术犯规。

（3）记录双打比赛中双方第一、二发球员名单及该局发球次序。

（4）每局双方出现 14 平后通知主裁判。

（5）比赛结束后组织双方在比赛记录上签字并主动请主裁判检查签字。

（6）在比赛中出现记分误差等现象时应及时报告主裁判。

（五）司线员职责

（1）站在本方场地左上角大约 2 米处，持旗执裁。

（2）球落在界线内或触及界线，旗示向前下方，为界内球。

（3）球落在界线外时，旗示向上举，为界外球。

（4）球触及球拍、队员身体、衣物等出界时，一手举旗，另一手触旗上端为触手出界。

（5）当球速过快未能看清时，可向主裁判示意，表示未看清，由主、副裁判裁决。

（6）司线员临场执裁过程中，要集中注意力，旗示要求准确、快速。

二、裁判员手势

说明：在每张图的上方分别有 F、S、L 三个字母，其中 F 代表主裁判，S 代表副裁判，L 代表司线员。在图的下方为该手势代表的内容。

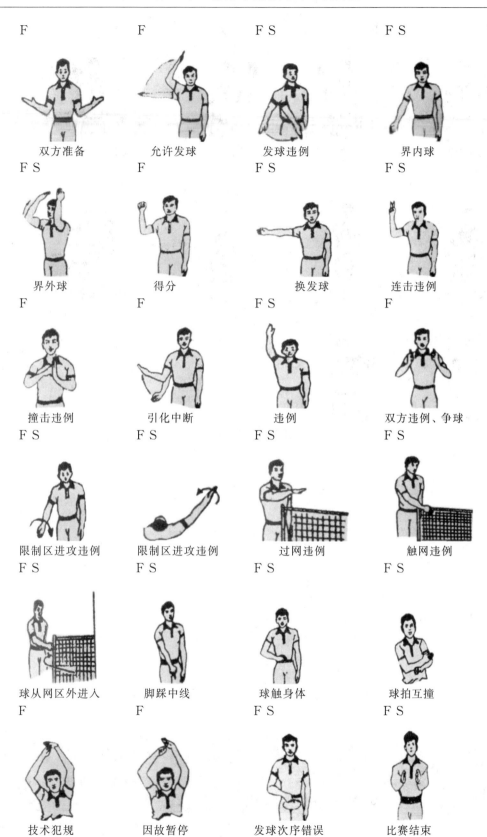

F　　　　　　　　F　　　　　　　　F S　　　　　　　F S

双方准备　　　　允许发球　　　　发球违例　　　　界内球

F S　　　　　　　F　　　　　　　　F S　　　　　　　F S

界外球　　　　　得分　　　　　　换发球　　　　　连击违例

F　　　　　　　　F　　　　　　　　F S　　　　　　　F

撞击违例　　　　引化中断　　　　违例　　　　　　双方违例、争球

F S　　　　　　　F S　　　　　　　F S　　　　　　　F S

限制区进攻违例　限制区进攻违例　过网违例　　　　触网违例

F S　　　　　　　F S　　　　　　　F S　　　　　　　F S

球从网区外进入　脚踩中线　　　　球触身体　　　　球拍互撞

F　　　　　　　　F　　　　　　　　F S　　　　　　　F S

技术犯规　　　　因故暂停　　　　发球次序错误　　比赛结束

F

黄牌警告

F

红黄牌警告

F

红牌罚出场

F S

触体、触拍出界

F S

交换场区

L

界内球

L

界外球

L

触体、触拍出界

L

球从网区外进入

L

无法判断

附　　录

一、柔力球裁判员技术等级制度（试行）

第一条　为加强柔力球裁判员队伍建设，保证柔力球竞赛公正有序进行，推动柔力球运动的规范发展，制定本制度。

第二条　国家体育总局社会体育指导中心及地市级以上体育行政部门业务指导单位、各级柔力球协会，根据裁判员的技术等级和业务水平，对裁判员实行分级审批、注册和管理。

第三条　国家体育总局社会体育指导中心及地市级以上体育行政部门业务指导单位，负责组织柔力球裁判员学习、考试、注册；按计划组织裁判员晋级考试；对本项目裁判员的奖惩提出具体意见。

第四条　柔力球裁判员的技术等级分为国家一级、二级、三级。

第五条　各级裁判员必须具备下列条件：

（一）国家三级裁判员

1. 了解柔力球竞赛规则和裁判法，并能正确地运用。

2. 能胜任区县级柔力球比赛的骨干裁判员工作。

3. 经国家体育总局社会体育指导中心或地市级体育行政部门业务主管单位组织培训并考核合格。

4. 由国家体育总局社会体育指导中心或地市级体育行政部门业务主管单位审批。

（二）国家二级裁判员

1. 熟悉柔力球竞赛规则和裁判法，并能较准确地运用。

2. 具备三级裁判员资格和能力，有三次以上三级裁判员经历。

3. 能胜任地市级柔力球比赛裁判长或骨干裁判员工作。

4. 经国家体育总局社会体育指导中心或省级体育行政部门业务主管单位组织培训并考核合格。

5. 由国家体育总局社会体育指导中心或省级体育行政部门业务主管单位审批。

（三）国家一级裁判员

1. 熟练掌握和运用柔力球竞赛规则和裁判法，具有一定的裁判理论水平和实践经验，掌握本项目竞赛编排方法。

2. 具备二级裁判员资格和能力，有三次以上二级裁判员经历。

3. 能胜任省级柔力球比赛裁判长或省级以上柔力球比赛骨干裁判员工作。

4. 经国家体育总局社会体育指导中心组织培训并考核合格。

5. 由国家体育总局社会体育指导中心审批。

第六条　申报各级裁判员年龄应在 22～60 岁，均应身体健康、视力良好。

第七条　申报、审批程序：

（一）具备申请技术等级条件的裁判员，由本人填写申请表，经所在地区体育行政部门业务主管单位或柔力球协会签署意见，报有相应审批权限的业务主管单位审批。

（二）经审批授予技术等级称号的裁判员，由国家体育总局社会体育指导中心颁发相应的技术等级证书。

第八条　注册：

（一）国家一级柔力球裁判员由国家体育总局社会体育指导中心进行注册。

（二）各级柔力球裁判员须持经过注册的裁判员等级证书方能参加全国各级柔力球竞赛临场执法工作；连续两年未注册的裁判员，技术等级称号自动取消，其裁判员证书作废。

第九条　柔力球裁判员技术等级制度，由国家体育总局社会体育指导中心制定，其解释权、修改权属国家体育总局社会体育指导中心。

第十条　本制度自颁布之日起施行。

二、柔力球教练员技术等级制度（试行）

第一条　为培养理论与实践相结合的柔力球教练员，进一步促进柔力球运动的发展，推动全国柔力球运动的普及与提高，根据《中华人民共和国体育法》、《全民健身条例》制定本制度。

第二条　本制度所称柔力球教练员，是指在柔力球活动中从事教学训练、锻炼指导、活动组织等工作的柔力球技术指导人员。

第三条　柔力球教练员业务培训由国家体育总局社会体育指导中心组织实施，技术等级称号由国家体育总局社会体育指导中心批准授予。

国家体育总局社会体育指导中心可委托具备条件的体育行政部门业务主管单位、柔力球社团组织培训相应级别的柔力球教练员并授予相应等级称号。

第四条　柔力球教练员技术等级称号分为：三级柔力球教练员、二级柔力球教练员、一级柔力球教练员。

各级柔力球教练员应具备下列条件：

（一）具有服务精神和良好道德素养，身体健康，热爱柔力球事业。

（二）具有高中（中专）以上学历，年龄在 22 周岁至 65 周岁之间。

（三）接受上述单位和组织的管理，承担指派的工作任务。

（四）参加柔力球教练员相应等级的培训，考核合格。

第五条　申请三级柔力球教练员相应等级称号还应当具备下列条件：

（一）从事柔力球运动 2 年以上，了解柔力球运动的基本知识，初步掌握柔力球教学和训练方法，能够承担一般性柔力球活动的组织和指导工作。

（二）参加国家体育总局社会体育指导中心举办的全国柔力球教练员培训班考核，理论考试成绩在 70 分以上，实践考核成绩在 70 分以上。

第六条　申请或晋升二级柔力球教练员称号还应当具备下列条件：

（一）具备三级柔力球教练员等级和条件。

（二）从事柔力球运动 4 年以上、教练工作 2 年以上，具有一定的教学训练实践经验，能够承担基层柔力球运动队的教学训练和比赛指导工作。能够制订和实施训练计划，积累技术资料，掌握柔力球技战术和训练方法。

（三）参加国家体育总局社会体育指导中心举办的全国柔力球教练员培训班考核，理论考试成绩在 80 分以上，实践考核成绩在 80 分以上。

（四）能承担培训三级柔力球教练员的教学任务。

第七条　申请或晋升一级柔力球教练员称号还应当具备下列条件：

（一）具备二级柔力球教练员等级和条件。

（二）从事柔力球运动 6 年以上、教练工作 4 年以上，具有较丰富教学训练实践经验，能够承担优秀柔力球运动队的教学训练和比赛指导工作。掌握柔力球运动的发展状况、先进技战术和训练方法。

（三）参加国家体育总局社会体育指导中心举办的全国柔力球教练员培训班考核，理论考试成绩在 90 分以上，实践考核成绩在 90 分以上。

（四）积极从事柔力球理论研究，具有一定的科学研究能力。

（五）能承担培训二级柔力球教练员的教学任务。

第八条　申请或晋升柔力球教练员技术等级称号应提交《申请柔力球等级教练员登记表》，经国家体育总局社会体育指导中心或其委托的单位和组织审核后，批准授予国家体育总局社会体育指导中心柔力球教练员技术等级称号。

第九条　申请等级称号的特许条件：

（一）高等体育专业学历的人员、在职体育教师、教练员等，在申请柔力球教练员技术等级称号时，可以适当放宽培训考核及从事教练员年限的标准，经考核合格可直接批准授予相应级别柔力球教练员技术等级称号。

（二）对有贡献或杰出表现的柔力球教练员，在申请晋升等级称号时，可以适当放宽从事教练员年限的标准；对有特别突出贡献的柔力球教练员，可以破格或越级晋升。

第十条　经审批授予技术等级称号的教练员，由国家体育总局社会体育指导中心颁发统一的教练员技术等级证书。

第十一条　等级柔力球教练员在普及和推广柔力球运动的工作中，在不违反国家有关规定的前提下，可从事专项技能传授、训练指导等有偿服务。

第十二条　等级柔力球教练员违反有关规定，对柔力球事业发展造成不良影响的，国家体育总局社会体育指导中心可视情节轻重，给予批评教育、降低等级直至撤销其技术等级称号的处罚；构成犯罪的，依法追究刑事责任。

第十三条　柔力球教练员技术等级制度，由国家体育总局社会体育指导中心制定，其解释权、修改权属国家体育总局社会体育指导中心。

第十四条　本制度自颁布之日起施行。

三、仲裁委员会条例

第一条　仲裁委员会是柔力球竞赛的仲裁机构。它的任务是复审比赛期间执行竞赛规则、竞赛规程中发生的纠纷，保证竞赛规则、竞赛规程的正确执行。

第二条　仲裁委员会不受理按规则、规程规定应由执行裁判、裁判长（总裁判、裁判组）职权范围内处理的有关事宜。

与竞赛无直接关系的违反纪律、寻衅闹事、打架斗殴等行为，由组委会有关方面进行处理。

第三条　仲裁委员会由比赛组委会、体育行政管理部门、仲裁委员会委员组成。仲裁委员会人选由比赛组委会确定并公布。

第四条　在比赛过程中，裁判员所做的裁决为最后的判定，运动员在场上必须服从裁判员的裁决，允许在该场比赛结束后 12 小时内，向仲裁委员会正式提出书面申诉，并缴纳 1000 元申述费。经仲裁委员会复审，判定裁判员的判决是正确的，运动队必须坚决服从，申述费不予退还，作为柔力球发展经费上缴国库。判定属于裁判员的错误，仲裁委员会可视情况对裁判员进行教育或处分，退还申述费但不得改变裁判员在规则职权范围内所做出的决定。

第五条　仲裁委员会根据申诉以及当场执行裁判、裁判组的书面报告，进行必要的调查研究，召开仲裁委员会会议进行讨论。开会时，可吸收有关裁判员列席参加会议（列席会议人员无表决权）。

仲裁委员会出席会议人数必须超过半数以上，做出的决定方为有效。仲裁委员会对申诉所做的决定为最终裁决，并立即生效。所做决定应报比赛组委会备案。

第六条　运动员、领队违反竞赛规则、规程，经仲裁委员会复审判定有效后，仍无理纠缠的，应加重处理。仲裁委员会根据其错误轻重程度，可给予批评、警告、严重警告、停止比赛或取消该次比赛资格的处分，并可建议有关体育行政部门给予处分。对需要给予停止参加全国比赛处分的，仲裁委员会可提出建议，报国家体育总局社会体育指导中心决定。

第七条　裁判员在执行裁判任务过程中，有突出良好的表现的，仲裁委员会可写出书面报告。报主办单位和国家体育总局给予表扬；对有错误的，仲裁委员会可根据其错误程度，停止该裁判员若干场比赛或该次比赛的裁判资格，并可建议有关体育行政部门和运动协会给予降低或撤销裁判员技术等级称号的处分。情节恶劣的，可建议所属单位给予行政处分。

第八条　仲裁委员会对比赛期间受理的申诉、控告应及时作出裁决，不得影响其他场次的比赛或发奖。

第九条　仲裁委员会是临时机构，比赛期间执行完任务后，自行撤销。

四、裁判员守则

一、拥护中国共产党，热爱社会主义祖国，热爱体育事业，热爱柔力球竞赛裁判工作。

二、努力钻研业务，精通本项规则和裁判法，积极参加实践，不断提高业务水平。

三、严格履行裁判员职责，做到严肃、认真、公正、准确。

四、作风正派，不徇私情，敢于同不良倾向做斗争。

五、讲文明，讲礼貌，裁判员之间互相学习，互相尊重，加强团结，不搞宗派活动。

六、尊重领导，遵守纪律，精神饱满，服装整洁，仪表大方。

五、教练员守则

一、拥护中国共产党，热爱社会主义祖国，忠诚体育事业，积极培养优秀运动员。

二、认真制定训练方案，科学训练。

三、做好赛前准备和临场指挥，赛后认真总结。

四、努力钻研业务，不断创新。全面了解比赛规则和规程。

五、严格管理教育，加强思想政治工作，关心运动员全面发展。

六、发扬民主，爱护运动员，充分调动运动员训练的积极性，提高运动水平。

七、以事业为重，处理好工作、学习和家庭关系。

八、坚持真理，发扬正气，在训练、学习、生活等方面做好运动员的表率。

九、教练员之间相互学习，相互支持，团结协作。

十、服从组委会安排，遵守大会各项规定。

六、运动员守则

一、拥护中国共产党，热爱社会主义祖国，热爱体育事业，顽强拼搏，勇攀高峰。

二、刻苦训练，钻研业务，尊重教练，认真完成训练任务。

三、赛出风格，赛出水平，胜不骄，败不馁，尊重裁判，尊重对手，尊重观众。

四、讲文明、讲礼貌、讲卫生、讲道德，守秩序，守纪律。

五、团结友爱，关心集体，勇于批评与自我批评，反对自由主义。

六、尊重领导，服从大会指挥，遵守组委会各项规定。

七、爱护公物，自觉维护赛场秩序。

七、体育运动项目立项管理办法

（2007 年 1 月 4 日）

第一条　为加强对我国开展体育运动项目的科学、规范管理，适应国内外体育运动项目发展趋势，促进体育事业发展，满足人民群众需要，根据《中华人民共和国体育法》等法律法规，制定本办法。

第二条　本办法所称体育运动项目，是指由国际奥委会、亚奥理事会、国际单项体育组织设立或具有中国特色和民族特点的体育运动项目。国家体育总局（以下简称"总局"）负责体育运动项目的立项审批和管理。

第三条　立项原则：

（一）坚持普及与提高相结合，促进竞技体育和群众体育全面发展。以发展奥运会比赛项目为重点，鼓励创造优异运动成绩，为国争光；对非奥运会比赛项目予以重视和促进开展。

（二）坚持巩固传统与鼓励发展相结合，拓展体育资源，促进体育事业协调和可持续发展。对我国已设立开展的体育运动项目，加强规范管理，予以政策扶持，巩固优势和基础；对新兴的群众喜爱、参与广泛、积极健康、民族性强的体育运动项目，予以重视并扶持发展。

第四条　总局批准设立的体育运动项目分为"试行开展的体育运动项目"和"正式开展的体育运动项目"两类。每类可分设大项、分项和小项。大项、分项和小项的设立依据国际奥委会、亚奥理事会、国际单项体育组织标准和我国国情确定。

第五条　"试行开展的体育运动项目"设立应当符合以下条件：

（一）有明确清晰的项目概念界定，不得与我国已设立开展的其它体育运动项目的大项、分项、小项内容界定相冲突；

（二）有该项目单项国际（洲际）体育组织，有统一名称并设有正式国际或洲际比赛；

（三）有完备的竞赛规则和裁判法；

（四）拥有一定数量的运动员、教练员和裁判员队伍；

（五）群众喜爱，有益于身心健康，促进社会文明、进步和发展，不含迷信色彩和有悖人道成分；

（六）有10个以上省、自治区、直辖市开展（冬季运动项目除外），并连续3年以上举办全国性活动；

（七）有素质较高的管理人员队伍并在各地设有相应组织机构；有能力自筹经费举办区域性、全国性比赛，能参加国际比赛。

第六条　"正式开展的体育运动项目"设立应当符合以下条件：

（一）"试行开展的体育运动项目"开展3年以上；

（二）开展的范围达15个省、自治区、直辖市以上（冬季运动项目除外）；

（三）在各地设有完善的组织机构并有能力组织举办区域性、全国性比赛，能参加国际比赛并取得较好成绩。

第七条　奥运会新增设的比赛项目，可以直接申请设立为"正式开展的体育运动项目"。

第八条　总局所属运动项目管理中心向总局提出书面立项申请。奥运会比赛项目的大项、分项和小项应当申报审批；非奥运会比赛项目的大项、分项应当申报审批，小项只需报总局备案。总局依据本办法对立项申请进行审核，批准后向全国通告。

第九条　"试行开展的体育运动项目"应当履行以下义务：

（一）举办"全国锦标赛"和"全国冠军赛"等全国性赛事，列入每年度全国体育竞赛计划；

（二）建立相应的运动技术等级标准，由运动项目管理中心审批并予以公布；

（三）在国际比赛中取得的成绩，由运动项目管理中心进行统计，报总局备案；

（四）参加或组织该项目的国际比赛；

（五）每年12月15日前，将该项目年度发展情况以书面形式（包括竞赛、训练、取得成绩等方面）报总局。

第十条　"正式开展的体育运动项目"应当履行以下义务：

（一）举办本项目"全国锦标赛"和"全国冠军赛"等全国性赛事，列入每年度全国体育竞赛计划；

（二）建立相应的运动技术等级标准，经总局审批后，按国家运动员技术等级、裁判员技术等级有关规定进行管理；

（三）建立本项目运动员、教练员、裁判员注册等管理制度；

（四）参加奥运会、世锦赛、世界杯（总决赛）和亚洲等国际大赛获得世界、亚洲冠军，以及经国际组织承认的创世界、亚洲纪录等成绩，经总局审批后，按有关规定进行统计；

（五）对本项目取得突出成绩的运动员、教练员等有关人员，经总局审批后，按有关规定进行奖励；

（六）新设立的奥运会比赛项目，经总局审批后，纳入奥运会比赛项目管理体系；

（七）参加和组织该项目的国际比赛。

第十一条　总局对新设立体育运动项目的发展状况进行检查与评估，对不符合条件的予以降级或撤销。

第十二条　对不属于体育运动项目立项范围，娱乐性、趣味性，大众参与性强的体育运动，由运动项目管理中心报总局审批后自行管理。

第十三条　本办法自公布之日起施行，解释权属于国家体育总局。2001 年 2 月 26 日国家体育总局公布的《关于设立正式开展的体育项目管理办法》（体竞字〔2001〕43 号）同时废止。

我国已正式开展的体育运动项目见体竞字〔2006〕123 号文件。

八、全国性体育社会团体管理暂行办法

体人字〔2001〕473 号

第一章　总　　则

第一条　为加强对全国性体育社团（以下简称社团）的业务指导和管理，保障社团依法行使行业管理职能，充分发挥其在体育改革和发展中的重要作用，根据《社会团体登记管理条例》等有关规定，制定本办法。

第二条　国家体育总局是社团的业务主管单位，机关各厅、司、局、直属机关党委是社团相关业务管理的职能部门；社团所在单位是受国家体育总局委托负责对社团进行日常管理的挂靠单位；国家体育总局管理的社团与省、自治区、直辖市同类体育社团的关系是业务指导关系。

第三条　本办法适用于国家体育总局依法负有业务指导和管理职责的社团，包括国家体育总局作为业务主管单位以及由国家体育总局发起成立的全国性体育协会、学会、研究会、联谊会、基金会等非营利性社会组织。地方性体育社团以及机关、部队、学校、企事业单位内部成立的群众性体育组织不适用于本办法。

第四条　国家体育总局依法对社团的下列事务进行指导和管理：

（一）负责社团筹备申请、成立登记、变更登记、注销登记前的业务审查，协助或会同有关部门进行社团年检、指导社团清算工作。

（二）监督、指导社团根据国家的体育政策、法规，从体育事业发展的需要出发，建立健全规章制度，加强行业自律，积极实施行业管理，发挥社团的桥梁、纽带和助手作用。

（三）监督社团严格按照章程规定的内容开展活动，并对其各项业务活动实施指导和管理。

（四）根据体育行业管理特点和体育社团的特殊性，加强对社团组织机构建设和队伍建设的指导和管理。

（五）对违反社团管理的政策法规和社团章程开展活动的，依法予以纠正和处理；情节严重造成不良影响的，配合民政、公安等有关部门予以查处。

第五条　国家体育总局系统以外的其他行业成立的全国性体育社团，由体育总局协同社团挂靠单位，根据有关社团管理法规和各自职能，共同做好社团指导和管理工作。

第二章　成 立 与 变 更

第六条　成立社团应当符合以下条件：

（一）有代表本社团成员共同意愿的章程，其宗旨必须符合中华人民共和国宪法、体育法和其他法律、法规，有利于维护国家统一、民族团结和社会稳定，不损害国家、社会、集体的利益和其他公民、法人的自由和权利。

（二）业务活动内容必须属于国家体育总局主管的业务范围，并执行国家发展体育方针、政策。通过开展健康有益的活动，促进我国体育事业的发展。

（三）名称应当冠以"中国"、"中华"、"全国"等字样，并与其业务范围、成员分布、活动地域相一致。

（四）社团的组织及其成员应当在其业务领域和活动地域内具有代表性、权威性和广泛性。在同一业务范围内，不得成立相同或相似的社团。

（五）应有合法的资产和经费来源，其活动经费不少于10万元人民币。基金会按国家的有关规定执行，并有相对固定、独立的办公场所。

（六）应有专兼职工作人员、组织机构和经民主推选的负责人。

（七）有50个以上的个人会员或有30个以上的单位会员；个人会员、单位会员混合组成的会员不少于50个。

（八）应具备法人资格，有独立承担民事责任的能力。

第七条　成立社团应当按照本办法和规定，分别提出筹备申请和成立申请。

第八条　申请筹备成立社团，应当由发起单位或发起人向国家体育总局提出申请，并提交下列材料：

（一）主要发起人或发起单位负责人签署的筹备工作报告和筹备申请书，以及相关业务职能部门的审查意见；

（二）符合规定要求的社团章程草案、验资证明和办公场所使用证明材料；

（三）拟任秘书长以上负责人的基本情况（姓名、性别、出生年月、现工作单位及职务）；

（四）领取并填写《全国性社会团体申请筹备登记表》、《社会团体章程核准表》。

（五）需要说明的其他材料。

第九条　社团章程应载明下列事项：

（一）名称、住所；

（二）宗旨、业务范围和活动地域；

（三）会员资格及其权利、义务；

（四）组织机构及其职责；

（五）负责人产生与罢免的程序；

（六）章程的修改程序；

（七）资产管理和使用原则；

（八）终止程序和终止后的资产处理；

（九）其他必须事项。

章程应符合民政部的章程范本要求。

第十条　国家体育总局在收到筹备成立社团的申请和相关材料后，应当就以下内容进行审查：

（一）成立社团的必要性；

（二）是否符合本办法及有关法规规定的成立条件；

（三）提供的社团章程草案及有关材料是否合法、真实；

（四）以开展体育运动项目为内容的社团是否具备开展活动所必需的物质条件以及具有一定水平的管理人员和专业技术人员；

（五）应当审查的其他内容。

第十一条　国家体育总局应当在受理社团筹备申请之日起 30 个工作日内予以答复，对经审查认为符合筹备条件的，应当向发起单位或发起人出具同意筹备的文件，由发起单位或发起人向民政部提出筹备申请；不同意其筹备申请的，应当向其说明理由。

第十二条　筹备成立社团的申请经民政部批准后，发起单位或发起人应当在批准筹备之日 6 个月内召开会员大会或会员代表大会，通过社团章程，产生执行机构、负责人和法定代表人向国家体育总局提出社团成立申请，并提供以下材料：

（一）申请成立社团的负责人签署的登记申请报告；

（二）会员大会或会员代表大会通过的社团章程；

（三）社团主要负责人名单(秘书长以上)及其备案表；

（四）验资证明、办公场所的产权或使用证明材料；

（五）拟设办事机构名称、职责、负责人的情况；

（六）领取并填写《全国性社会团体申请登记表》；

（七）需要说明的其他材料。

第十三条　国家体育总局在收到成立社团的申请和全部材料后，对经审查认为符合要求的，应当在 30 个工作日内予以批复；对不符合要求的，应当予以说明。

第十四条　成立社团的申请经国家体育总局审查同意后应由发起单位或发起人向民政部申请成立登记。

第十五条　社团的名称、机构、法人代表和副秘书长以上的负责人的变更以及章程的修改等，应当按民政部民间组织管理局下发的《社会团体登记须知》中关于变更登记的具体要求，提供相关材料，经国家体育总局相应职能部门审核后，及时到民政部办理变更登记手续。

第十六条　未经国家体育总局审查同意并在民政部登记注册的社团及其筹备机构，不得以社团的名义进行活动；国家体育总局所属机构和由国家体育总局实施业务主管的社团，均不得支持或与其共同开展活动，报纸、刊物等也不得进行宣传报道。

第三章　业务指导与管理

第十七条　社团应当根据法律、法规和国家体育总局的有关规定，建立健全社团规章制度，并依据章程和各项制度开展业务活动，实施行业管理，规范行业行为，进行社团自律。

第十八条　社团各项活动应当维护国家统一和民族团结，不得损害社会公众利益，不得从事与社团章程和宗旨不符的活动。社团应当自觉接受社团登记管理机关、业务主管单位和政府有关部门的管理、监督和指导。

第十九条　社团应当充分发挥组织优势，采取多种形式，积极为行业发展服务，为社团成员服务；协助政府做好各项事务的管理工作，并积极向有关管理部门反映情况如提出意见和建议，为政府决策服务。

第二十条　国家体育总局依据本办法和有关规定，对社团进行业务指导和管理，根据社团需求和事业发展的需要，及时向社团通报和宣传国家相关方针、政策、法规以及体育工作的形势和任务，认真听取社团意见、建议和工作报告，对社团工作予以指导和协调，帮助社团提高自我管理和自我发展能力。社团的各项业务工作，由总局各职能部门根据各自的职责归口管理。总局根据工作需要，委托与社团业务密切相关的职能部门、事业单位等，作为社团的挂靠单位，进行具体的社团管理和服务工作。

第二十一条　国家体育总局对社团的业务指导与管理，由下列部门归口负责：

（一）人事司负责对社团成立、机构的设置和变更的审查，以及社团负责人的资格审查；体育经济司负责对社团的财务制度、经费使用、审计及经营监督等方面的管理；对外联络司负责社团的外事管理工作；机关党委负责社团的党务党建工作；监察局负责协助民政部门、司法机关对社团的违纪违法的查处工作。

（二）其他有关业务厅、司、局按其主管业务对社团分别实行相应的归口管理与监督。

第二十二条　社团的下列事项应当向国家体育总局和对其实施管理和监督的有关职能部门报批或备案。

（一）年度总结和工作计划应报国家体育总局备案；

（二）涉外活动或其他重大活动安排应报国家体育总局批准；召开代表大会或全体委员会议以及其他重要会议应报国家体育总局同意，行业体协应报国家体育总局备案。

第二十三条　社团投资设立的经济实体，应先经国家体育总局体育经济司审核同意，并及时到有关部门办理登记注册手续。实体从事的经营活动，获得的利润中按规定属于社团所得的部分应全部用于社团的事业发展。社团不得从事营利性经营活动。未经国家体育总局批准，不得接受各类经济实体的挂靠。

第四章　组 织 机 构

第二十四条　社团应按照《社团登记管理条例》、《基金会管理条例》和章程规定，健全内部组织，完善有关制度，坚持民主程序，并本着民主、精干、高效的原则建立组织机构。

第二十五条　社团办事机构和分支机构的设立应当符合以下原则：

（一）社团根据工作需要设立办事机构和分支机构，由社团所挂靠的单位同意，并报送相关材料，经国家体育总局审查同意后，报民政部办理审批登记手续。

（二）社团办事机构和分支机构的名称不得冠以"中国"、"中华"、"全国"等字样，不另立章程，不具备法人资格。

（三）社团不得设立地域性的分支机构。

（四）社团的分支机构不得再下设分支机构。

第二十六条　社团的最高权力机构是会员大会或会员代表大会（基金会为理事会）。会员大会或会员代表大会须有三分之二以上的会员或会员代表出席方能召开，其决议须经到会会员或会员代表半数以上同意方能生效。会员代表由会员协商、推荐或选举产生，单位会员的法定代表人为该单位的会员代表人选。

第二十七条　会员大会或会员代表大会的职权是：

（一）制定和修改章程；

（二）选举或罢免委员（理事）；

（三）审议委员（理事）会的工作报告和财务预决算报告；

（四）决定本社团的终止事宜；

（五）决定其他重大事项。

第二十八条　会员大会或会员代表大会每届任期 4 年或 5 年。因特殊情况需提前或延期换届的，须经委员会（或理事会）表决通过报国家体育总局审查并经社团登记管理机关批准同意，但延期换届最长不超过 1 年。

第二十九条　委员（理事）会是会员大会或会员代表大会闭会期间的执行机构，在闭会期间领导本社团工作，向会员大会或会员代表大会负责。委员会（理事会）的组成不应少于11 人。

第三十条　委员（理事）会的职责：

（一）执行会员大会或会员代表大会的决议；

（二）选举或罢免社团领导人，决定设置办事机构和分支机构；

（三）决定会员的吸收或除名；

（四）领导社团各机构开展工作；

（五）筹备召开会员大会或会员代表大会；

（六）向会员大会或会员代表大会报告工作和财务状况；

（七）制定内部管理制度；

（八）决定本会工作任务和工作方针；

（九）决定其他重要事项。

委员（理事）会须有三分之二以上委员（理事）参加方能召开，其决议须经三分之二以上与会者表决通过方能生效。特殊情况下，会议也可采用通信形式召开。

委员（理事）人数超过 30 人的社团，可设常务委员（理事）会，常务委员（理事）会是委员（理事）会闭会期间的执行机构。

第五章　任 职 管 理

第三十一条　社团领导机构的人员组成，既要考虑社团应具有的广泛性和代表性，又要贯彻精干高效的原则。根据社团的具体情况，一般设常委7～19人，主席（理事长、会长）1人，副主席（副理事长、副会长）5～15人，秘书长1人，副秘书长1～5人。赞助人员担任的特邀职务不在此限内。

单位会员或代表单位推选的社团领导人，实行部门单位代表制，应随着人员工作的变化而变动。其人员调整由代表单位推荐出人选，经社团秘书处所在单位提出意见送人事司核报总局审批。

第三十二条　社团领导人由与社团业务有关的专家学者和体育行政部门领导、运动项目或相关管理部门代表、热心支持社团工作的企业界人士组成，一般以现职为主，特殊需要的人员不超过70周岁。对于长期担任社团领导职务并作出突出贡献的，在其退出社团领导职务时，可由社团所挂靠的单位按程序推荐，经相关职能部门核报总局审定后，授予荣誉主席（荣誉理事长、荣誉会长）、荣誉副主席（荣誉副理事长、荣誉副会长）和荣誉顾问职务。荣誉委员、荣誉理事除体总和奥委会外，一般由各社团按其章程规定自行决定。

第三十三条　社团的主席和秘书长一般由总局领导和机关各职能部门以及社团所挂靠的单位领导担任，社团的副秘书长人选由直接负责社团具体工作的业务处室（部）的领导和总局主管业务部门的处室领导担任。

第三十四条　一般情况下，主席由正司级以上干部担任；副主席由副司以上干部和具有代表性的专家学者担任；秘书长、副秘书长由处级以上干部担任。

第三十五条　社团的法人代表一般由主席（理事长、会长）担任，情况特殊的可由副主席（副理事长、副会长）或秘书长担任。社团的法定代表人不得再担任其他社团的法定代表人，国家体育总局领导一般不担任社团的法定代表人。

第三十六条　国家体育总局机关处以上领导干部兼任社团领导职务应从实际工作需要出发，并适当考虑与本人主管业务和专业特长，按少量、特殊、从严掌握的原则，对社团兼职的数量进行适当控制。

第三十七条　兼职人员应身体健康，能够坚持正常工作，兼任同一个职务任期一般不超过两届；兼任社团的领导不得领取社团的任何报酬。

第三十八条　国家体育总局领导兼任社团领导职务，由各社团所挂靠的单位根据工作需要提出意向性意见，经人事司审核后，报总局审定。

第三十九条　总局领导兼任社团领导职务一般不超过5职，司级领导干部兼任社团职务一般不超过4职，处级领导干部兼任社团职务不应超过3职。

第四十条　离开现职的部以上领导干部，一般可在社团内任名誉或荣誉职务，在国际组织任职的可以适当保留其相关社团职务，有其他特殊需要的，也可任1～2个社团实职，一般任期为一届。调离体育系统的领导干部，原则上不再安排兼任社团实职。

第四十一条　处以上领导干部不兼任国（境）外社团的领导职务（国际体育组织除外），一般也不宜兼任体育业务以外的其他行业或地区性的社团领导职务。

第四十二条　司级领导兼任社团秘书长原则上不得超过1个。

第四十三条　有关部委、省市及省体育局等领导兼职由所在单位推荐，并按干部管理权限和总局的有关规定报批。

第四十四条　机关现职领导干部不得在基金会中兼职。

第四十五条　为鼓励个人、企业、港澳台同胞及海外人士以各种形式支持体育事业，凡对社团进行捐款和资助，金额达到一定数目的，其受益的社团可为捐赠者个人或企业代表推荐安排相应的特邀职务。担任特邀职务的人员，原则上不参与社团日常管理工作和决策。

第四十六条　特邀职务的人员必须奉公守法，严格执行所在社团的章程和其他有关规定；各社团应在章程或捐赠协议里对捐赠者任职作出相应规定，提出明确要求，切实加强管理。

第四十七条　各单项协会聘请国内企业代表或个人担任特邀委员和协会基金特邀副主任的，由各协会自行审定，报人事司备案；中华全国体育总会、中国奥委会、中华全国体育基金会聘请特邀委员（理事），各单项运动协会和其他专业社团聘请特邀副主席（副理事长、副会长）职务或其他名誉（荣誉）职务以及奖励事项的确定，应由该社团或其所在单位向总局提出书面申请，说明情况和理由，并附赞助人或企业的简要情况和协议书复印件以及社团职务推荐登记表，由人事司归口总局审核；国（境）外人员在体育社团内任职均要严格审查，逐级报批。

第六章　附　　则

第四十八条　本办法未尽事宜，按照《社会团体登记管理条例》及有关政策、法规、规章办理。

第四十九条　省、自治区、直辖市体育行政部门可参照本办法，结合本地实际制定相应的地方性体育社团管理办法。

第五十条　本办法自发布之日起施行。

九、全国体育竞赛管理办法（试行）

（2000 年 3 月 16 日国家体育总局令第 3 号发布）

第一章　总　　则

第一条　为加强体育竞赛的宏观管理，发展体育事业，提高体育运动水平，根据《中华人民共和国体育法》和国家有关法规，制定本办法。

第二条　本办法指的体育竞赛，是指由国务院体育行政部门和县级以上地方各级人民政府体育行政部门批准的，在中华人民共和国境内举办的国际或国内各级、各类综合性运动会、单项体育竞赛和体育表演活动。

第三条　体育竞赛项目由国务院体育行政部门确定。开展新的体育竞赛项目，必须报经国务院体育行政部门批准立项，并审核确定该项目的竞赛规则、规程和竞赛计划，各级体育行政部门方能批准举办该项目各级体育竞赛。

第四条　国务院体育行政部门主管全国体育竞赛工作。县级以上地方各级人民政府体育行政部门主管本行政区域内的体育竞赛工作。

第二章　竞赛计划和审批登记

第五条　举办体育竞赛实行审批登记制度。

国务院体育行政部门负责审批在中华人民共和国境内举办的全国性和国际性体育竞赛；县级以上地方各级人民政府体育行政部门负责审批地方性体育竞赛。

解放军、各行业和各院校举办的内部体育竞赛，可依据本办法制定相应的审批登记制度。

第六条　国务院体育行政部门和县级以上地方各级人民政府体育行政部门每年年底统一审批、制定第二年体育竞赛计划，由各级单项体育协会或经审批机关授权的单位管理和组织实施。

第七条　申请举办体育竞赛的组织和个人（以下简称为"申办人"），应当具备下列条件：

（一）能够独立承担民事责任；

（二）拥有与竞赛规模相当的组织机构和管理人员；

（三）已经制定具体的竞赛规程和比赛组织实施方案；

（四）拥有与竞赛规模相适应的经费；

（五）已经确定体育竞赛所需的场地、设施和器材。

第八条　申请举办体育竞赛的申办人应当向相应的体育行政部门提交下列材料：

（一）竞赛规程，包括竞赛项目、竞赛时间和地点、参加单位和参加办法、竞赛办法和竞赛规则及奖励办法等；

（二）举办单位法定代表人签署的申请书；

（三）有关业务主管部门审批的文件。

第九条　申请举办体育竞赛的申请书必须于举办该项体育竞赛前两个月提交相应的体育行政部门并载明下列事项：

（一）名称，包括体育竞赛名称、主办单位和承办单位名称等；

（二）举办体育竞赛的宗旨；

（三）经费的来源和用途；

（四）该项体育竞赛的筹备实施方案等；

（五）体育行政部门认为必须说明的其他事项。

第十条　跨行政区域举办的体育竞赛，申请人必须到比赛举办地体育行政部门进行审核、登记，并由举办地体育行政部门负责监督管理。

第十一条　体育竞赛的名称必须与竞赛的实际内容一致。非经国务院体育行政部门审批的体育竞赛，不得冠以"世界"、"国际"、"亚洲"、"中国"、"全国"、"国家"、"中华"等字样。

第十二条　体育竞赛需要办理治安、工商、卫生、税务等其他审批手续的，申办人应当按照有关规定办理。

第十三条　经批准登记的体育竞赛，变更竞赛时间、地点、组织形式或撤销该体育竞赛，必须经有关业务主管部门审查同意后，向原审批体育行政部门申请变更或撤销。

第十四条　申请举办综合性运动会的申办人还应当遵守国务院体育行政部门有关综合性运动的规定。

第三章　竞赛管理

第十五条　体育竞赛实行督察员制度，督察员由国务院体育行政部门派出，负责监督检查全国各项体育竞赛的赛风、赛纪和裁判员执法中的有关情况。全国性单项体育竞赛的督察员也可以由全国单项体育协会派出，具体办法另行制定。

第十六条　各级体育行政部门对申请举办体育竞赛的申办人行使下列监督管理职能：

（一）监督申办人履行审批、登记手续；

（二）监督申办人遵守有关体育竞赛的法规；

（三）监督申办人依据审批登记中载明事项和在条件的范围内进行活动。

第十七条　参加体育竞赛的教练员、运动员和裁判员必须遵守国家对体育竞赛的有关规定，遵守体育道德，严禁使用兴奋剂、弄虚作假、徇私舞弊，严禁利用体育竞赛进行赌博活动，违反者依据有关法规进行处罚直至追究法律责任。

第十八条　体育竞赛的申办人有下列情形之一的，负责审批该体育竞赛的体育行政部门可以根据情节轻重分别予以警告、暂停和取消该项体育竞赛的处罚：

（一）申请、登记中隐瞒真实情况，有弄虚作假行为；

（二）从事与申请书中载明的目的和意义不一致活动的；

（三）组织的相关活动有害于运动员身心健康或有损于社会主义精神文明建设的。

第十九条　未经国务院体育行政部门和县级以上地方各级人民政府体育行政部门审批、登记，擅自举办体育竞赛，不听劝阻的，体育行政部门可以停止举办该项体育竞赛并对举办者进行处罚。

第四章　附　　则

第二十条　各省、自治区、直辖市体育行政部门可以根据本办法制定相关办法或具体实施细则，并报国家体育总局备案。

第二十一条　本办法自颁布之日起施行。

十、国际柔力球联合会章程

（2011 年 5 月 5 日）

第一条　定名：

本会定名为"国际柔力球联合会"，英文名称为"International Roliball Federation"。（在本章程内简称联会）

第二条　地址：

本会会址设于澳门高楼街 6-8 号豪阁大厦四楼 A、B、C 座。

第三条　性质：

（一）联会为非牟利之团体，由世界各个国家或地区具代表性的总会或联合会或协会组成。

（二）联会为国际柔力球体育运动之最高行政组织。

第四条　宗旨：

（一）团结世界柔力球界人士，发展柔力球运动，提高技术水平。

（二）制定、推行国际柔力球活动规则，每两年举行国际柔力球锦标赛。

（三）加强联会与各会员国、地区及各地有关体育机构之联系。

第五条　会员：

（一）会员是以世界各个国家或地区柔力球总会为代表，愿意遵守本会会章，填写入会申请表，经会员大会批准，可成为会员。

（二）本会之创会会员：

1.“澳门柔力球总会”（澳门特别行政区）；

2.“香港柔力球联合会”（香港特别行政区）；

3.“中华台北全民体育运动会”（中国台湾地区）；

4.“太极白龙球协会”（欧盟）；

5.“中央公园晨运会”（印度尼西亚）。

第六条　会员之权利：

（一）有选举权和被选举权。

（二）可参与联会举办之培训、比赛及其他有关活动。

（三）各国在举办有关柔力球体育活动时，可向会员大会要求提供协助。

（四）有权提出召开特别会员大会会议。

（五）在会员大会会议上，若有超过四分之三或以上会员赞成，可修改章程。

（六）解散联会之决议，须获全体会员四分之三之赞同票。

第七条　会员之义务：

（一）遵守联会章程，接受联会之行政领导、会员大会之决议。

（二）缴交会费。

（三）必须参加联会主办的赛事。

（四）凡向联会申请协助或承认的活动，须将计划及活动报告列表送交会员大会存盘。

第八条　会员大会：

（一）会员大会为联会最高权力机构，由所有会员组成。

（二）会员大会设主席一名、副主席若干名，秘书长一名、副秘书长及秘书若干名，人数必须为单数。

（三）会员大会由大会主席召集并主持，召集书须以挂号信的形式提前至少20天寄往会员的联络地或通过由会员本人签收之方式代替，该召集书内应注明会议召开的日期、时间、地点和议程。

（四）会员大会除拥有法律所赋予之职权外，尚负责：

1.制定和修改联会章程。

2.选举和罢免联会各机构成员之职务及选出联会会长及副会长。

3.审议及通过理事会和监事会所提交之年度工作报告、财务报告及意见书。

4.通过联会的方针政策及对其他重大问题作出决定。

5.通过邀请杰出人士为荣誉会长、名誉会长及顾问。

（五）会员大会每隔三年举行投票选举新一届行政人员。

第九条　理事会：

（一）理事会是联会的管理及执行机关，理事会由七人或以上组成，总人数必须为单数，其中设理事长一名，副理事长、理事若干名，秘书长一名、副秘书长及秘书若干名，正、副财务各一名，由会员大会选举产生。

（二）理事会除拥有法律所赋予之职权外，尚负责：

1. 制定联会的方针政策。

2. 执行会员大会之决议，推进联会的会务及各项活动。

3. 委任发言人，代表联会对外发言。

4. 按会务之发展及需要，设立各专责委员会、小组及部门，并有权委任及撤换有关之负责人。

5. 每年向会员大会提交会务报告、账目和监事会交来之意见书。

6. 草拟各项内部规章及规则，并提交会员大会审议通过。

7. 审批入会申请。

8. 要求召开会员大会。

9. 征收会员之会费。

（三）理事会会议定期召开，会期由理事会按会务之需要自行确定；并由理事长召集，理事会会议须有过半数之成员出席方可决议；其决议是经出席者之过半数票通过，在票数相等时，理事长除本身票外，还可加投决定性的一票。

第十条　监事会：

监事会设监事长一名，副监事长及监事若干名，其总数必须为单数，由会员大会选举产生。监事会为联会会务的监察机构，其职权如下：

1. 监察会员大会决议的执行以及监察理事会的运作及查核联会之财产。

2. 审核联会财政状况及账目。

3. 审查会员大会工作报告。

第十一条　工作组：

（一）会员大会下设：

1. 财务委员会。

2. 技术委员会。

3. 裁判委员会。

4. 仲裁委员会。

5. 柔力球推广委员会。

（二）各委员会可设主任一名，副主任二至六名，委员若干名。

第十二条　任期：

各机构成员之任期均为三年，可连选连任。

第十三条　经济来源：

（一）会员缴交之会费。

（二）会员及社会热心人士捐赠及赞助。

（三）各地政府有关部门资助。

第十四条　支出：

（一）联会之支出由收入负担。

（二）费用开支手续要按联会财务制度办理。

十一、柔力球重要术语中英文对照

一、一般规则

柔力球运动	Roliball
弧形引化	Receive and move the ball gently in a curved way
套路比赛	Compulsory routine contest
竞技比赛	Competitive contest
男子单打	Men's single
女子单打	Women's single
男子双打	Men's double
女子双打	Women's double
混合双打	Mixed double
局	Game
局点	Game point
场	Match
场点、赛点	Match point
司线员	Linesman
裁判员	Referee

二、球与球拍

球拍	Racket
拍面	Racket face
拍框	Frame
拍柄	Handle
拍颈	Throat
柔力球	Roliball

三、场地

球场	Court
双打球场	Doubles court
单打球场	Singles court
后场	Back court
前场	Fore court
单打发球区	Singles service court
双打发球区	Doubles service court

| 发球区 | Service court |

四、场地线条

端线	Base line
中线	Center line
边线	Side line
单打边线	Singles side line
双打边线	Doubles side line
网柱	Net post
网顶白布条	White tape

五、战术

前后站位打法(混双)	Front and back (mixed)
轮转配合打法(双打)	Rotation system (double)
防守反击	Defense and counter attack
(双打)配对	Pairing
(双打)同伴	Partner
队员方位	Player's positions

六、比赛过程

准备好了吗?	Are you ready?
试球	Test the ball
换球	Change the ball
重发球	Play a let
交换场区	Change ends
选择场区或发球权	Choice of court ends or service
你们没有交换场地	You have not exchanged ends
你没在发球区发球	Serve out of service court
发球顺序	Order of service
发球顺序错误	Serve out of turn
零比零,开始比赛!	Love all, play!
发球得分	Service ace
(球)在界内	In
(球)在界外	Out
纠正"界内"	Correction,"in"
纠正"界外"	Correction,"out"
(单打)换发球	Service over
你要弃权吗?	Are you going to abstain

七、犯规用语

连击	Double hit
①失误②犯规	Fault
发球违例	Faulty serving
接发球违例	Fault – receiver
击球犯规	Foul hit
得分无效	Score cancelled

参 考 文 献

［1］　"百度"视频及 http：// www.56.com 网站内教学视频.

［2］　国家体育总局社体中心柔力球运动唯一合作伙伴奥泊隆体育发展有限公司推出的太极柔力球飞龙教学系列光盘.

［3］　http：// www.aoballo.com 网站内相关资料.

［4］　柔力球竞赛规则与裁判法（试行版）.国家体育总局社会体育指导中心审定，2012年3月.

［5］　白榕.太极柔力球.北京：人民教育出版社，2009.